GOSPEL DNA
by Richard Coekin

First published in English as *Gospel DNA*
ⓒ Richard Coekin/The Good Book Company, 2017.
All rights reserved.

Korean Edition published by Word of Life Press, Seoul 2018
Translated and published by permission.
Printed in Korea.

교회 성장 DNA

ⓒ 생명의말씀사 2018

2018년 12월 24일 1판 1쇄 발행
2019년 1월 30일   2쇄 발행

펴낸이 | 김재권
펴낸곳 | 생명의말씀사

등록 | 1962. 1. 10. No.300-1962-1
주소 | 서울시 종로구 경희궁1길 5-9(03176)
전화 | 02)738-6555(본사) · 02)3159-7979(영업)
팩스 | 02)739-3824(본사) · 080-022-8585(영업)

기획편집 | 태현주, 임선희, 전보아
디자인 | 박소정, 윤보람
인쇄 | 예원프린팅
제본 | 정문바인텍

ISBN 978-89-04-07144-9 (03230)

저작권자의 허락없이 이 책의 일부 또는 전체를
무단 복제, 전재, 발췌하면 저작권법에 의해 처벌을 받습니다.

건강한 교회를
세우는
21가지 원칙

교회 성장

리처드 코킨 지음 | 김성태 옮김

생명의말씀사

■ 추천의 글(국내)

복음의 유전자를 품은 목회

이 책의 저자는 나의 좋은 친구다. 친구의 책에 대한 추천사는 편들어 주는 내용을 피할 수 없다. 내 친구가 소중하니, 그가 쓴 책도 소중할 수밖에 없기 때문이다. 그러나 나에게 있어 이 책은 저자와의 친분으로 인해 갖는 특별함 이상의 의미가 있다.

나는 단지 저자가 나의 좋은 친구이기 때문에 이 책을 추천하는 것이 아니다. 나는 이 책을 두 번 읽었다. 한 번은 저자가 준 원서로 읽었고, 또 한 번은 한글로 번역된 후 편집 상태의 원고로 읽었다.

이 책은 목회의 원리를 다루고 있다. 그러나 소위 자기의 목회 철학이나 성공담에서 시작하지 않는다. 저자는 시종일관 모든 목회와 교회 개척과 운영의 원리는 성경, 특히 복음에서 나온다는 사실을 강조한다. 특히 저자가 본문으로 다루고 있는 사도행전 20장 후반부는 나를 깊은 은혜로 깨운 본문이기에 더 크게 공감하였다.

이 책은 목회의 핵심이 그리스도시라는 사실을 보여 줌과 동시에, 복음의 원리가 목회와 교회 사역 안에 어떻게 녹아서 우리 자신 안에 내면화되어야 하는지를 일깨운다. 그리스도에게서 온 복음이 목회자의 삶으로부터 설교, 제자양육과 동역, 선교 비전에 이르기까지 어떻게 유전자처럼 자리 잡고 영향을 미쳐야 하는지를 상세하게 그려 내고 있는 것이다.

저자는 성공회 소속 교회의 목회자다. 그러나 청교도를 만나 신학적인 회심을 경험하고 개혁주의를 따르고 있는, 거기서 외로운 목회자다. 그는 현재 영국을 움직이고 있는 5명의 복음주의 지도자 중 한 사람이다. 케임브리지 출신의 지성인이 주님을 만나 열렬한 복음 사역자가 되었다. 나는 그가 헌신하고 있는 도시 선교 사역의 열정적인 현장을 보며 "영국 교회가 죽었다"는 판단이 경솔한 것이었음을 깨달았다. 오히려 우리가 저자와 그의 교회로부터 배울 점이 많다는 생각이 들었다.

이 책은 쉽다. 그러나 정곡을 찌른다. 우리가 알고는 있으나, 마음으로 깊이 붙들지 않는 복음 진리를 따라 전도하고, 목회하고, 교회를 세우도록 우리를 일깨운다.

개척 교회가 잘 안 되고, 교회가 본질을 놓쳐 혼란스럽고, 복음적인 열정이 그리운 이때, 이 한 권의 책이 우리에게 온 것은 감사한 일이다. 이 책은 독자들의 마음에 다시 한 번 복음의 불을 지필 것이다.

지금 읽고 있는 책을 잠시 덮고 이 책을 읽어라! 왜냐하면, 이 책은 여러분의 신앙생활에 긴급동의와 같은 책이기 때문이다.

_김남준 목사
열린교회

이 책은 상상으로 쓴 것이 아니라 2000년 전 사도 바울의 생생한 복음 '현장' 이야기이고, 지금 영국의 던도날드교회에서 리처드 코킨 목사님에 의하여 이루어지고 있는 '지금' 이야기입니다. 사도행전 20장을 중심으로 건강한 교회를 계속 개척해 나가는 하나님 나라 운동입니다.

교회가 온갖 추문으로 힘을 잃고 교회를 떠난 가나안 성도가 많아지는 이때, 사도 바울이 실제 현장에서 열매를 맺은 원리와 방법이 여전히 이 시대에도 적용되어 효과적인 복음 사역 현장에서 열매 맺기를 소망하는 마음입니다. 특별히 성경을 기반으로 하여 소외된 사람들과 다른 문화에 친근히 다가가는 교회 개척 사역으로 부활하신 예수님이 이루실 세계 선교에 우리를 동참시키시는 제자 삼는 사역이라는 말에 가슴이 뜁니다. 이 책을 당장 우리 교회에 접목해서 동일한 열매 맺기를 소망합니다.

_김병학 목사

LCC주님의교회, Georgia Central University 교수

던도날드교회를 런던의 중심에 우뚝 세우는 데는 리처드 코킨 목사의 열정적인 사역이 있었으며 그 중심에 『교회성장 DNA』가 있었습니다.

따라서 이 책의 내용은 이미 검증된 것이며, 일선 목회자들이 현장에 적용하기에 적합한 내용이기에 적극 추천하는 바입니다.

이 책을 읽는 이들은 가슴이 뜨거워지고 열정이 솟아나서 사역 현장이 변화되는 역사가 일어날 것입니다.

교회를 위하는 마음으로 이 책을 적극 추천하며, 모든 교회마다 복음의 DNA 운동이 확산되고 그 영향력이 확대되어 갈 수 있기를 소망합니다.

_박의서 목사

세곡교회

몇 년 전 영국을 방문했을 때, 코킨 목사님이 사역하시는 던도날드교회에 가 보았습니다. 영국에서 건강한 교회 중 하나라는 이야기를 들었기 때문입니다. 그날 던도날드교회가 추구하는 사역과 목회 철학이 무엇인지 자세한 설명을 듣고, 배우고 싶은 부분이 많았습니다.

그런 내용을 담은 책이 나오게 되어 참으로 기쁩니다. 시대에 따라 변하는 경영 전략이 아니고, 탁월한 개인의 성공담도 아닌, 오직 성경에 기록된 하나님의 말씀에 근거하기에 믿음이 갑니다.

이 책은 사도행전 20장에 기록된 바울의 설교에서 교회를 건강하게 세우는 21가지 원칙을 추려 낸 것입니다. 또한 아무런 보장도 없고 근사해 보이지도 않는 교회 개척에 헌신하면서 깨달은 하나님의 은혜를 기술한 책입니다.

많은 사람이 유럽의 교회를 염려하지만, 코킨 목사님은 사람들이 소망이 없다고 포기한 곳에서 마른 뼈가 살아나게 하시는 하나님의 능력을 보았습니다. 그리고 그 일을 통해 깨달은 중요한 사역 원리를 이 땅의 수많은 교회를 위해 한 권의 책으로 펴냈습니다.

오늘날 목회자와 성도 모두 교회에 대한 고민이 깊습니다. 그러나 하나님을 사랑하고 교회를 사랑하는 분이라면 하나님께 소망을 두고 여전히 찬송하면 좋겠습니다.

큰 교회든 작은 교회든, 오랜 전통을 지닌 교회든 개척 교회든, 이 책에서 유용한 도움을 얻으실 수 있을 것입니다.

이 땅의 모든 교회가 건강한 교회로 세워지길 소망하며 이 책을 기쁘게 추천합니다.

_이찬수 목사
분당우리교회

■ 추천의 글(국외)

'성경말씀'과 '복음'의 조합

영국 내 교회 개척에 관심이 많은 그리스도인이라면 리처드 코킨 목사와 코미션(Co-Mission)에 대해 들어 봤을 것이다.

본서 출간에 대한 나의 바람은 시대의 획을 긋고 있는 이 새로운 운동이 많은 사람에게 중대한 운동으로 널리 알려지는 것이다. 건강하게 성장하고 있는 이 교회 네트워크의 원리를 배우려는 영국인들이 이 책에서 큰 도움을 얻는 것처럼 말이다.

런던의 작은 교회로 시작해서 리처드 목사와 그와 함께한 이들이 개척 훈련과 교회 개척을 한 결과, 현재까지 약 30개의 교회가 런던과 런던 외곽 지역에 폭발적으로 개척되었다. 2025년까지 런던 안에 30개의 교회를 더 개척하고, 런던 중심가를 조금 벗어난 곳에도 (하나님이 기뻐하실) 약 360개의 교회를 개척하는 것을 목표로 하고 있다.

교회 개척 운동을 위한 사역 구성의 주춧돌이 되는 코미션의 놀라운 면모 중 하나는 바로 '다양성'이다. 화려한 배경을 가진 상류 계층, 옥스퍼드나 케임브리지 출신, 블루칼라 노동자, 교육 수준이 낮은 사람들, 그리고 이런 구분 중간 단계에 있는 많은 사람이 모두 함께 어울려 사역하고 있다.

앞에서 언급한 30개 교회는 이와 같이 런던의 매우 다양한 인종 및 다채로운 배경을 가지고 있는 사람들을 아우른다. 매년 6월에 진행되는 '리바이브'(Revive) 콘퍼런스에는 분리 개척된 각 교회 성도들이 참여한다. 이 콘퍼런스의 매우 놀랍고도 재미난 특징 중 하나는 모인 회중이 상당히 다양하면서도 서로 자연스럽게 어울려 모임을 즐긴다는 것이다.

리처드 목사가 남들보다 앞서 예견한 두 가지 사실이 있다. 첫째는 이 사역에 어떠한 보장도 없다는 것이고, 둘째는 세계 다른 지역에서 엄청나게 빠른 속도로 성장하고 있는 사역들과 비교할 때 코미션 사역은 매우 작아 보일 수 있다는 것이다. 그러나 코미션이 세속적인 문화에 젖어 있는 런던 사람들을 대상으로 사역하고 있다는 사실을 감안했을 때, 지금까지의 결과는 경이롭기 그지없다.

여기에서 리처드 목사의 신학적 사고가 어떻게 형성되었는지를 서술하려는 것은 아니다. 그가 하는 멘토링 시스템에 대해 논하려는 것도 아니고, 교회 개척자를 대상으로 하는 수련회를 어떻게 하면 더욱 전략적으로 사용할 수 있는지에 대해 논하려는 것도 아니다.

여기서 어느 누구도 절대 놓치면 안 되는 것은 바로 이 교회 개척 운동에 있는 모든 사람이 '삶의 모든 기준을 성경말씀에 두고 확고하게 복음을 붙든다'는 사실이다. 이전 세대의 기독교인들은 이를 가리켜 형식적 원리인 '성경말씀'과 내용적 원리인 '복음'의 조합을 결합한 것이라고 말했다. 이것을 새신자와 교회 개척자 모두의 머리와 마음에 동일하게 스며들게 할 한 가지 방법이 바로 이 책 『교회 성장 DNA』(Gospel DNA)의 원칙을 함께 나누는 것이다.

이 책은 사도 바울이 에베소 장로들에게 말하는 부분을 다룬 사도행전 20장 17-38절 강해다. 이와 더불어 본문의 깊이 있는 묵상을 통해 21개의 사역 원리를 잘 추려 내었다. 리처드 목사는 이 21개의 원리를 반드시 적용하라고 단호하게 말한다.

이 중 몇몇은 우리에게 당연하게 느껴질 만한 것들도 있다. 5장 "말씀을 가르치라. 하나님은 지금도 우리에게 말씀하신다." 혹은 6장 "회개와 믿음을 간구하라. 회개와 믿음이 없으면 구원받지 못한다." 등이다.

이와 달리 우리 마음을 애태우며 매우 새롭게 도전하는 부분도 있다. 예컨대 7장 "불가피한 위험을 감수하라. 하나님께서 모든 것을 주관하신다." 10장 "하나님 나라를 전파하라. 천국이 우리를 기다린다." 11장 "최후 심판을 경고하라. 하나님은 경고하지 않은 자에게 책임을 물으실 것이다." 12장 "총체적 진리를 가르치라. 왜곡된 복음으로는 구원에 이를 수 없다." 그리고 17장 "하나님을 의지하라. 그분은 참으로 크신 전능자이시다." 등이다.

코미션은 이 책이 모든 교회와 성도와 교회 개척자에게 선한 영향을 미치기를 간절히 바라고 있다. 예수님과 복음, 그리고 예수님의 말씀을 중요하게 생각하는 교회라면 분명히 이 책을 상상 이상으로 유익하게 활용할 수 있을 것이다. 이 책은 고전적이면서도 매우 중요한 사역의 가치를 참신하고, 기억하기 쉽고, 매력적인 방법으로 제시해 준다. 절대로 이 책을 한 권 사서 읽는 것으로 만족하지 말라! 박스째 사서 주변에 널리 퍼뜨려라.

_ **D. A. 카슨**(D. A. Carson)
미국 트리니티복음주의신학교 신약신학 교수

복음의 진리는 회심하는 것뿐 아니라 기독교인의 삶과 사역 형성에 매우 중요한 역할을 한다. 그러나 이러한 진술은 주로 원리적인 설명에 머무르고 만다. 리처드 코킨 목사는 지역 교회 사역에 복음을 적용할 수 있도록 그것을 철저하게 성경적이면서도 실천적으로 탁월한 핸드북으로 발전시켰다. 적극 추천한다!

_팀 켈러(Tim Keller)
미국 리디머교회 담임목사

리처드 코킨 목사가 지난 몇 년 동안 신실하게 이끌어 온 코미션 사역으로 인해 하나님께 큰 영광과 감사를 올려 드린다. 이 책은 사도행전 20장을 충실하고 능수능란하게 해설했을 뿐 아니라, 오늘날 하나님께 크게 쓰임받고 있는 복음주의 교회들과 기독교 리더들에게 유용한 통찰을 제시해 준다. 이 책은 교회 리더와 리더십 팀의 가장 요긴한 지침서가 될 것이다. 온 마음을 다해 추천한다.

_윌리엄 테일러(William Taylor)
영국 성헬렌비숍게이트교회 담임목사

리처드 코킨의 풍성하고도 그리스도 중심적인 통찰은 사역자들이 더욱 담대하게 복음을 전하도록, 교회의 온전함을 위해 성도들을 더욱 양육하도록, 성경말씀을 더욱 깊이 고찰하도록 만들 것이다. 하지만 조심하라! 복음의 DNA가 공동체 안에서 스스로 복제되는 것처럼 이 책이 당신을 사로잡아 교회를 개척하게 할지도 모른다.

_피터 릴백(Dr. Peter A. Lillback)
미국 웨스트민스터신학교 총장

이 책의 추천사를 쓰게 되어 기쁘다. 이 책은 이해하기 쉽고 재미있다. 성경 본문에 충실하고 말씀을 적용하기에 유용하며, 말씀 적용에 대한 평가에서도 진솔하다. 이 책은 특정한 배경(사도행전 20장)에서 나온 책임에도 불구하고 광범위한 독자들에게 도움을 준다. 리처드 목사는 이 책을 통해 우리 모두를 섬기고 있다.

_**스티브 팀미스**(Steve Timmis)
Acts29 국제총재

우리를 복음 사역의 심장으로 돌아오게 하는 주옥 같은 책이다. 성경 적대적인 문화 속에서 하나님의 말씀을 계속해서 가르치도록, 그분의 양떼를 돌보고, 길 잃은 사람들을 찾으며, 성경적 진리 위에 굳게 서도록 우리를 이끈다. 굉장히 실용적이고 성경적 통찰력이 있다. 독자로 하여금 매우 겸손하게 하며, 시종일관 유익하고, 개인의 경험을 바탕으로 한 예시도 들어 있다. 훌륭하다!

_**폴 데일**(Paul Dale)
호주 처치바이더브리지교회 담임목사

그리스도의 제자 양성, 복음 사역, 교회 개척에서 사도 바울보다 더 좋은 스승은 없다. 그리고 나는 사도 바울이 가르친 원칙들을 이 시대에 적용하는 것에 있어서 리처드 코킨보다 더 잘하는 사람을 생각해 낼 수 없다. 이 책을 강력히 추천한다.

_**본 로버츠**(Vaughan Roberts)
영국 성에베스교회 담임목사

이 책은 교회 리더와 교회 리더십 팀이 세운 비전, 교회 프로그램, 사역들을 재평가하는 데 가장 이상적인 자원이다. 만일 모든 지역 교회가 이 책에서 설명된 교회 성장 DNA에 대해 진지하게 생각해 본다면, 오늘날 복음이 얼마나 절실하게 필요한지 깨닫는 시발점이 될 것이다.

_존 스티븐스(John Stevens)
FIEC(Fellowship of Independent Evangelical Churches) 국제대표

우리에게 가장 필요한 것 중 하나는 우리의 마음이 하나님의 마음을 닮아 가는 것이다. 이 점에 있어서 리처드 목사의 책 『교회 성장 DNA』는 경이롭다. 이 책은 시작과 함께 곧바로 풍성한 주제와 원칙이 담긴 복음의 심장, 사도행전 20장 말씀으로 들어간다. 단순명료하고 이해하기 쉽지만, 그 단순함 속에 심오함과 실용성과 유용성이 들어 있다. 읽고 나눠야 할 책이다.

_앤드류 허드(Andrew Heard)
제네바푸시 교회 개척 네트워크 대표

■ **목차**

추천의 글 · 4
시작하는 글_ 사도 바울의 리더 양육 세미나 · 18
본문 말씀(행 20:17-38) · 26

01 바울에게 직접 배우라 · 28
사도행전 20장의 가르침은 오늘날에도 매우 유용하다

02 리더를 교육하라 · 36
교회가 건강하게 성장하려면 하나님의 일꾼이 준비되어야 한다

03 삶을 나누라 · 46
복음 사역은 서로 배우며 이해하는 것이다

04 주님의 종으로 살라 · 58
하나님을 예배하는 자는 기꺼이 감당해야 할 일들이 있다

05 말씀을 가르치라 · 68
하나님은 지금도 우리에게 말씀하신다

06 회개와 믿음을 간구하라 · 78
회개와 믿음이 없으면 구원받지 못한다

07	**불가피한 위험을 감수하라**	· 86
	하나님께서 모든 것을 주관하신다	

08	**성령님을 즐거워하라**	· 96
	성령님이 우리 가운데에서 능력으로 일하신다	

09	**복음을 선포하라**	· 108
	복음은 하나님의 은혜를 드러낸다	

10	**하나님 나라를 전파하라**	· 118
	천국이 우리를 기다린다	

11	**최후 심판을 경고하라**	· 132
	하나님은 경고하지 않은 자에게 책임을 물으실 것이다	

12	**총체적 진리를 가르치라**	· 144
	왜곡된 복음으로는 구원에 이를 수 없다	

13	**성도들을 돌보고 양육하라**	· 156
	그것이 선한 목자의 길이다	

14	**교회를 보살피라**	· 168
	예수님께서 교회를 매우 귀하게 여기신다	

15	**십자가 복음을 선포하라**	· 180
	그리스도의 피가 우리를 죄에서 속량했다	

16	**늑대들을 조심하라**	· 192
	잘못된 가르침이 교회를 흔들어 놓는다	

17	**하나님을 의지하라**	· 206
	그분은 참으로 크신 전능자이시다	

18	**하나님의 말씀을 신뢰하라**	· 220
	성도들을 세우는 것은 하나님의 말씀이다	

| 19 | **하늘의 상급을 즐거워하라** | · 234 |

천국의 소망이 우리의 기쁨이다

| 20 | **약한 사람들을 도우라** | · 246 |

주는 것이 받는 것보다 더 복되다

| 21 | **확신 가운데 기도하라** | · 260 |

하나님은 하늘에 계신 우리 아버지이시다

| 22 | **열방을 향해 나아가라** | · 272 |

모든 민족을 예수님의 제자로 삼아야 한다

역자의 글_ 저자와 코미션에 대하여 · 286

■ 시작하는 글

사도바울의 리더 양육 세미나

『교회 성장 DNA』는 사도행전 20장에 나오는 교회 리더들을 위한 놀라운 리더 양육 세미나를 구석구석 탐구한다.

이 세미나의 강연자는 바로 전도와 교회 개척에 앞장섰던 선교사이자 매우 비범한 하나님의 사람이었던 '사도 바울'이다. 이 세미나에서 사도 바울은 1세기의 터키와 그리스 등 다양한 환경에 있는 여러 교회 사역을 어떻게 개척하고 세워 나갔는지에 대한 독창적인 통찰을 제시한다. 뿐만 아니라 모든 세대에 적용될 수 있는 효과적인 복음 사역을 위한 근본 원리를 밝히 보여 준다. 이는 오늘날의 교회가 하는 사역 방식에 근본적인 도전을 던진다!

하나님은 우리 몸 안에 DNA를 주심으로써 독특한 유전적 특성이 이어지게 하셨다. 그리하여 생물학적으로 맺어진 가족이 모두 갈색 눈동자, 빨간색 머리카락 등의 모습을 나타낸다.

마찬가지로 하나님은 이 본문에 담긴 복음 DNA를 우리에게 주심으로써 하나님의 교회 안에서 그분의 탁월한 영적 기질이 증식될 수 있게 하셨다. 이 책은 오늘날의 교회를 위해 사도 바울의 놀라운 복음 사역 안에 드러난 하나님의 복음 DNA를 명확하게 보여 준다.

더 나아가 『교회 성장 DNA』는 '코미션'(Co-Mission)에 속한 교회들이 어떤 방식으로 복음 사역 원리를 고수하고 적용하는지 설명한다.

코미션은 영국 런던에서 하나님이 성장시키시는 흥미진진한 교회 개척 운동이다. 2005년 설립된 '코미션'은 전 세계 모든 민족으로 제자를 삼으라는 그리스도의 지상대명령에 따라 붙여진 이름이다.

어느 작은 학교 강당에 모인 것을 시작으로 하나님은 약 30개의 교회와 성경적인 원리에 입각한 사역들을 개척하고 설립할 수 있도록 우리를 성장시키셨다. 이 중 몇 교회는 교외에 있고, 몇 개는 시내 중심에 위치해 있으며, 몇몇은 도시에서 일하는 엘리트층에, 그리고 몇몇은 열악한 주거 단지나 소수 민족들이 모여 있는 곳에 있다. 그리고 아직 진행 중인 것들도 있다. 우리는 메이페어 시내에 있는 사업가들, 빅토리아 지역의 노숙자들, 심지어 웨스트민스터 국회의사당 내 국회의원들과 정부 기관에서 일하는 공무원들에게까지 선교 중이다.

이 책 『교회 성장 DNA』를 토대로 최근에 만들어진 우리의 전략을 "360 비전"(360 Vision)이라고 이름 지었다. 이 비전은 2025년까지 또 다른 30개의 복음적인 교회를 개척하는 것이다. 더 나아가 성경 중심의 개혁주의, 그리고 복음주의에 입각한 360개의 교회가 새로운 교회 개척에 착수하는 것이다.

물론 이 계획은 실패할 수도 있다. 하지만 결과가 어떻게 될 것인지를 의심하며 죽어 가는 것을 원하지 않기에 주님을 위해 한번 해 보려고 작정했다.

우리가 목도한 그동안의 성장은 하나님이 세계 곳곳에서 행하시는 다른 사역들에 비하면 소박할 수 있다. 하지만 세속적인 도시인 런던에서 이루어진 성장임을 고려한다면 이것은 정말 놀라운 것이다.

이 놀라운 성장은 사도행전 20장에 기록된 사도 바울 세미나의 열매로 하나님이 이끌어 오신 것이다. 실제로 이 책에 있는 많은 내용이 지난 25년 동안 발전시켜 온 1년 단위의 사역자 훈련 코스에서 나왔다. 이를 통해 수많은 코미션의 목사와 교회 개척자들이 훈련을 받았다. 따라서 이 책이 바울의 DNA뿐 아니라 코미션의 DNA를 보여 줄 수 있기를 간절히 바란다.

이 책은 전문적인 주석이나 강해서가 아니다. 오히려 사도 바울이 언급한 것처럼 사역의 주요 주제가 무엇인지 확인하고, 성경말씀에서 우리가 무엇을 배울 수 있는지 살펴보는 것이다. 예컨대 호텔에서 엘리베이터를 타고 층마다 내려 구석구석 둘러보는 것처럼 말이다.

『교회 성장 DNA』는 복음 사역에 있어서 성경적 원리가 무엇인지 각 연령층에 쉽게 제시하는, 우리 모두를 위한 책이라고 할 수 있다. 또한 이 책은 사도적 교회 사역의 근간이 무엇인지 명확하게 알려 주는 리더를 위한 책이기도 하다. 따라서 이 책은 사역 훈련 코스나 리더십 양성에 매우 적합한 책이라 할 수 있다. 이 책을 즐겁게 읽기 바란다!

_리처드 코킨

그리스도 안에서 코미션 교회 개척 운동에 참여하는
모든 교회의 사랑하는 형제자매들에게,
복음 사역에 협력해 주심에 사랑과 감사를 전합니다.

"오직 너희는 그리스도의 복음에 합당하게 생활하라 이는 내가 너희에게 가 보나 떠나 있으나 너희가 한마음으로 서서 한 뜻으로 복음의 신앙을 위하여 협력하는 것과 무슨 일에든지 대적하는 자들 때문에 두려워하지 아니하는 이 일을 듣고자 함이라 이것이 그들에게는 멸망의 증거요 너희에게는 구원의 증거니 이는 하나님께로부터 난 것이라"(빌 1:27-28).

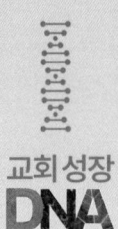

바울이 밀레도에서 사람을 에베소로 보내어 교회 장로들을 청하니 오매 그들에게 말하되 아시아에 들어온 첫날부터 지금까지 내가 항상 여러분 가운데서 어떻게 행하였는지를 여러분도 아는 바니 곧 모든 겸손과 눈물이며 유대인의 간계로 말미암아 당한 시험을 참고 주를 섬긴 것과 유익한 것은 무엇이든지 공중 앞에서나 각 집에서나 거리낌이 없이 여러분에게 전하여 가르치고 유대인과 헬라인들에게 하나님께 대한 회개와 우리 주 예수 그리스도께 대한 믿음을 증언한 것이라. 보라. 이제 나는 성령에 매여 예루살렘으로 가는데 거기서 무슨 일을 당하는지 알지 못하노라. 오직 성령이 각 성에서 내게 증언하여 결박과 환난이 나를 기다린다 하시나 내가 달려갈 길과 주 예수께 받은 사명 곧 하나님의 은혜의 복음을 증언하는 일을 마치려 함에는 나의 생명조차 조금도 귀한 것으로 여기지 아니하노라. 보라. 내가 여러분 중에 왕래하며 하나님의 나라를 전파하였으나 이제는 여러분이 다 내 얼굴을 다시 보지 못할 줄 아노라. 그러므로 오늘 여러분에게 증언하거니와 모든 사람의 피에 대하여 내가 깨끗하니 이는 내가 꺼리지 않고 하나님의 뜻을 다 여러분에게 전하였음이라.

여러분은 자기를 위하여 또는 온 양 떼를 위하여 삼가라 성령이 그들 가운데 여러분을 감독자로 삼고 하나님이 자기 피로 사신 교회를 보살피게 하셨느니라 내가 떠난 후에 사나운 이리가 여러분에게 들어와서 그 양 떼를 아끼지 아니하며 또한 여러분 중에서도 제자들을 끌어 자기를 따르게 하려고 어그러진 말을 하는 사람들이 일어날 줄을 내가 아노라 그러므로 여러분이 일깨어 내가 삼 년이나 밤낮 쉬지 않고 눈물로 각 사람을 훈계하던 것을 기억하라 지금 내가 여러분을 주와 및 그 은혜의 말씀에 부탁하노니 그 말씀이 여러분을 능히 든든히 세우사 거룩하게 하심을 입은 모든 자 가운데 기업이 있게 하시리라 내가 아무의 은이나 금이나 의복을 탐하지 아니하였고 여러분이 아는 바와 같이 이 손으로 나와 내 동행들이 쓰는 것을 충당하여 범사에 여러분에게 모본을 보여준 바와 같이 수고하여 약한 사람들을 돕고 또 주 예수께서 친히 말씀하신 바 주는 것이 받는 것보다 복이 있다 하심을 기억하여야 할지니라 이 말을 한 후 무릎을 꿇고 그 모든 사람들과 함께 기도하니 다 크게 울며 바울의 목을 안고 입을 맞추고 다시 그 얼굴을 보지 못하리라 한 말로 말미암아 더욱 근심하고 배에까지 그를 전송하니라

행 20:17-38

바울에게 직접 배우라
사도행전 20장의 가르침은 오늘날에도 매우 유용하다

01

아주 오래전에 럭비를 했다. 그 당시 매우 뛰어난 럭비 선수이자 훗날 잉글랜드 럭비 국가대표팀 감독이 된 클라이브 우드워드(Clive Woodward)의 지도를 받은 적이 있다. 나는 그때를 절대 잊을 수 없다. 그는 복잡한 것을 가르치지 않았다. 그저 패스와 태클 거는 법 등 매우 기본적인 것을 알려 주었을 뿐인데도 온몸에 전율이 흐를 정도로 신나고 재미있었다. 왜 그랬을까? 이는 분명 TV로만 보았던 영국 국가대표의 경기 장면과 기술을 눈앞에서 생생히 보고 배웠기 때문이었을 것이다.

사도행전 20장이 이와 같다. 바울은 땅끝까지 복음을 선포하는 일을 위해 부활하신 그리스도로부터 공식적으로 부름받은 원조 사도였다 (행 9:15). 그는 용감무쌍한 선교사이자 복음 전도자였으며, 교회 개척자이자 목사였다. 한마디로 전설적인 존재였다! 사도행전 20장에서 우리는 사도 바울이 복음 사역에서 가장 중요하게 생각했던 본질을 되짚으며 에베소교회의 리더들을 훈련하는 모습을 볼 수 있다(당시 에베소는 터키 서부

해안에 위치한 세계적인 도시였다). 바울은 복잡한 것을 가르치지 않았다. 그저 자신이 지금껏 에베소교회의 리더들에게 했던 일과 전도 여행 내내 해 온 일들을 설명했을 뿐이다. 이 놀라운 사도행전 20장의 가르침은 21세기를 살아가는 우리에게도, 오늘날의 교회에도 현재진행형이다. 우리가 왜 이 본문에 굳게 뿌리를 내려야 하는지 세 가지 이유를 들어 보겠다.

첫째, 성경에서 바울이 직접 리더들을 훈련하는 장면은 사도행전 20장이 유일하다. 사도행전은 누가가 누가복음에 이어 신중하게 연구해서 쓴 두 번째 역사책이다. 여기에서 누가는 예수님이 부활하신 후에 계속 이어서 하시는 사역, 즉 성령으로 말미암아 사도들에게 권능을 주셔서 복음을 "땅끝까지"(행 1:8) 선포하게 하시는 사역을 그리고 있다. 따라서 사도행전에 나오는 바울의 사역 역시 복음을 열방에 선포하는 사역이라 할 수 있다. 바울은 그저 터키와 그리스 지역을 순회하며 전도하고 교회를 개척하는 것에 그치지 않았다. 자신이 개척한 교회로 돌아와 제자들과 교회를 견고하게 하는 리더십 훈련까지 감당했다(행 14:21-22; 15:41).

누가는 사도행전에 바울의 수많은 가르침을 기록했다. 그중에서도 사도행전 20장은 견고한 교회를 세웠던 바울의 방법을 보여 주는 유일한 내용의 본문이다. 그 방법이란, 바울이 복음 사역 안에서 에베소의 리더들을 교육하여 그들이 각 교회의 성도들을 양육할 수 있게 한 것이었다. 이것이 바로 초대교회가 꾸준히 성장하고 확장될 수 있었던 이유다. 그리고 그 핵심에는 바울의 '사도적 복음 사역'이 있었다. 누가는 이 기념비적 리더십 강연을 간결하고도 훌륭하게 요약했다. 즉 바울 특유의 생생하고 다채로운 표현을 그대로 살려, 누구라도 그것을 직접 듣고 적용할 수 있게 했다. 성경 안에서도 유독 특별한 이 본문은 오늘을 살아가는 우리에게 더욱 소중하고 의미 있는 말씀이라 할 수 있다.

두 번째로 바울은 하나님의 은혜로운 다스리심 안에서 미래 세대를 염두에 둔 앞으로의 복음 사역에서도 동일하게 적용되어야 할 원칙들을 설명했다. 이 강연에서 바울은 사도들에게만 한정된 특수한 사역이 아닌, 모든 세대가 따라야 할 세 가지 사역에 초점을 맞춘다.

- 복음 선포 사역(Proclaiming the gospel, 행 20:20-27)
- 교회 감독 사역(Guarding the church, 행 20:28-31)
- 말씀 중심 사역(Providing the Word, 행 20:32-35)

각 부분마다 바울은 무엇을 해야 하는지, 지금껏 자신이 이 부분을 어떻게 삶으로 살아내었는지 상기시켜 준다.

> 내가 … 어떻게 행하였는지를 여러분도 아는 바니 … 내가 삼 년이나 밤낮 … 훈계하던 것을 기억하라. … 범사에 여러분에게 모본을 보여 준 바와 같이 (행 20:18, 31, 35).

바울은 당시 교회 리더들과 우리에게 자신의 본을 따르라고 권한다. 지금 우리는 안락한 대학 강의실에서 급진적인 이론을 가지고 장난치며 허풍 떠는 설교를 듣고 있는 것이 아니다! 그리스도께서 직접 파송하신 선교사요 사도인 바울에게 직접 배우고 있다. 그는 이미 이 모든 사역을 삶으로 겪어 냈을 뿐 아니라 그 흔적을 몸에 지님으로써 우리에게 증거하고 있다. 더 나아가 이 가르침은 하나님의 말씀이기에 반드시 듣고 또 배워야 한다. 동시에 이는 사도가 지도자들에게 모범으로 제시한 말씀이므로 모든 지도자는 반드시 이 가르침에 따라 변화되도록 준비해야 할 것이다. 이 가르침은 모든 장소와 시간을 초월하여 교회 리더들의 복음 사역을 다듬어 나가기 위해 명확하게 의도된 말씀이다.

세 번째로 바울의 훈련은 오늘날과도 관련된다. 이것은 단지 바울이 속한 역사적 상황에만 한정된 것이 아니기 때문이다. 모든 문화를 향한 바울의 교회 성장 전략의 핵심은 본질적으로 같다. 바로 '성경을 가르치는 것'이다! 그는 말씀을 가르치는 것이 사역의 핵심이라는 사실을 짧은 절과 절 사이에 여러 번 강조한다.

> 전하여 … 가르치고 … 증언한 것이라. … 증언하는 일을 … 전파하였으나 … 전하였음이라(행 20:20-27).

그리고 놀랍게도 그 외의 사역에 대해서는 언급하지 않는다! 이것은 바울의 신학 전체에 대한 요약이 아니다. 여기 언급되지 않은 다른 중요한 교리들도 많다. 그러나 앞에서 살핀 내용이 바울 사역의 근본적인 주제와 원칙에 대한 요약인 것은 확실하다.

누가는 자신에게 유용하다고 생각한 전략이나 함께 사역한 동료들, 사건들에 대해서는 아무 기록도 남기지 않았다. 따라서 그의 기록에서는 어떠한 교회 봉사나 의례 예식, 유용한 기독교 변증과 같은 것들에 대한 언급을 전혀 찾아볼 수 없다. 심지어 우리는 누가로부터 어떻게 전도할 것인지, 어떻게 개척할 것인지, 어떻게 설교를 잘할 것인지와 같은 내용에 대해서도 전혀 들을 수 없다. 물론 우리는 신약성경을 통해 이러한 것이 바울에게 매우 중요했음을 알 수 있다. 아마도 바울은 이런 내용에 대해 에베소의 장로들에게 이야기했을 것이다. 결국 누가는 그 내용이 본질적이지도, 영원하지도 않아서 기록하지 않았을 것이다.

하지만 이런 누가의 기록을 핑계로 조직에 대한 전략, 문화를 바탕으로 한 기독교 변증이나 우리 세대에 잘 맞는 강해 설교 방법론과 같은 고되고 중요한 작업을 무시하면 안 된다. 지역 교회를 책임지는 리더들은 반드시 이러한 것에 관심을 가져야 한다. 여기서 누가가 집중하고 있는 것은 바울이 가르치는 근본적인 성경적 주제와 원칙이다. 시시때때로 변하는 전략이나 기술 및 사역 환경은 현대의 다양한 상황에서 효과적인 사역을 위해 꼭 필요하다. 그러나 반드시 성경적 주제와 원칙이 전제되어 있어야 한다는 점에서 그 모든 것은 부차적이다.

성경적 주제와 원칙들이 사역의 전부가 될 수는 없겠지만, 이것이 우리가 하는 모든 사역의 기반이 되어야 한다! 내가 섬기는 코미션 네트워크는 가지각색의 문화적 배경 위에 교회를 개척해 왔다. 이 개척 교회들이 자신이 속한 지역사회를 복음화하려면 각기 다른 전략과 접근이 필요하다. 하지만 그런 전략의 중심에는 우리가 굳게 붙들고 있는, 사도행전 20장에서 바울이 권하는 성경적 주제와 원칙들이 있어야 한다. 사도 바울은 모든 세대와 문화 속에서 그런 원칙들이 건강한 지역 교회의 기반이 되기를 원했기 때문이다.

이 책은 그저 성경의 각 구절을 주해하는 것으로 그치지 않는다. 각 구절에서 성경의 다른 곳으로 주제를 확장하며 그 주제에 대해 더 깊은 이해를 나눌 것이다. 건강한 성경 신학은 성경 전체의 관점에서 해석한다. 즉 '신실한 복음 사역'이라는 건물 전체를 이해하려면 그 건물의 꼭대기에서 맨 아래층까지 내려오면서 각 층을 둘러봐야 한다. 그래야만 그 건물 전체의 아름다움을 이해할 수 있기 때문이다.

끝으로 사도행전 20장의 핵심적인 주춧돌은 바로 '은혜의 복된 소식'이라는 점을 주목해야 한다. 바울은 자신이 "하나님의 은혜의 복음을 증언하는 일"(행 20:24)에 완전히 드려졌다고 말하면서 에베소교회를 "그 은혜의 말씀에 부탁하노니 그 말씀이 여러분을 능히 든든히 세우사"(행 20:32)라고 했다. 오늘날 하나님이 사람들을 구원하시고 교회를 자라게 하시는 모든 사역은 하나님의 은혜의 복음, 곧 그리스도 안에서 우리를 향하신 하나님의 놀라운 자비와 사랑을 믿고 선포하는 데 전적으로 헌신되어야 한다. 우리는 나중에 왜 이 복음이 온통 우리를 사랑하시는 구원자이며 살아 계신 주 예수 그리스도에 대한 것인지 보게 될 것이다. 만약 지역 교회가 그리스도의 몸이라면 성경은 그 심장이고 "하나님의 은혜의 복음"은 끊임없이 펌프질되어 생명을 공급하는 피와 같다. 그리고 이 피는 가르치는 사역인 동맥을 통해 교회의 온몸과 장기에 공급된다.

이 책을 읽는 한 사람 한 사람이 사도 바울을 통해 효과적인 복음 사역의 근본적인 주제와 원칙을 배우게 되기를, 그리고 오늘날 죄인들을 구원하시고 교회를 세우시는 '하나님의 은혜의 복음' 사역의 생명력을 발견하고, 그로 인해 참으로 기뻐하게 되기를 간절히 기도한다.

질문과 적용

1. 현재 교회에서 어떤 사역을 맡고 있습니까? 그 사역의 주목적은 무엇이며, 어떻게 이루어지고 있습니까?

2. 당신이 하나님을 섬기는 데 가장 큰 영향을 미친 교회 리더나 저자는 누구입니까? 사도행전 20장에 나오는 사도 바울의 가르침에서 느낀 점을 나누어 봅시다.

3. 지역 교회의 사역에서 가장 중요한 요소는 무엇이라고 생각합니까? 그리고 교회 리더와 구성원들이 가장 우선적으로 해야 할 사역은 무엇이라고 생각합니까? 이 책을 다 읽은 후에 다시 이 질문으로 돌아오십시오. 사도행전 20장에 나온 바울의 가르침을 공부한 뒤 교회 사역에 대한 당신의 견해가 어떻게 바뀌었습니까?

교회 성장 DNA

> 당신이 속한 교회의 중심에 '하나님의 은혜의 복음'이 있다는 것을 어떻게 확신할 수 있습니까?

리더를 교육하라

교회가 건강하게 성장하려면 하나님의 일꾼이 준비되어야 한다

02

"바울이 밀레도에서 사람을 에베소로 보내어
교회 장로들을 청하니"(행 20:17).

바울은 황급히 서두르며 가난한 유대 지역의 그리스도인들을 위해 그리스 지역의 교회들이 헌금한 돈을 가지고 예루살렘으로 가려 했다. 그렇게 예루살렘에 도착한 후에는 새로운 사역을 위해 로마를 거쳐 스페인까지 갈 작정이었다(행 19:21; 롬 15장). 그는 말 그대로 예수쟁이였다. 그곳에서 편히 머물며 자신이 어렵게 이룬 자리를 지킬 수 있었지만 복음 전도를 위해 또다시 항해를 시작했다. 그러나 곧장 터키의 서쪽 해안을 내려가지는 않았다. 자신이 개척하고 목양했던 곳에 있는 에베소교회를 지나쳐야 했기 때문이다(에베소 지역은 그 지역에서 복음 전도 활동의 요지였다).

아마도 바울은 에베소에 갔다가 당국에 체포되거나 교회의 환대로 일정이 지체될 것을 염려하여 그곳에 발을 들여놓을 수 없었을 것이다(행 20:16). 결국 그는 밀레도의 항구 근처에 정박하여 사람을 보내 교회 장로들을 그곳으로 오게 하였고, 기쁨에 벅찬 장로들은 밀레도에 가서 사랑하는 사도를 영접하고, 가족과 동료들의 안부를 나누었을 것이다.

장로들은 바울의 가르침을 듣기 전에 들뜬 마음을 가라앉힐 겸 식당 옥상의 그늘막 아래 둘러앉아 이런저런 이야기를 나누었을 것이다. 예수님이 제자들과 함께하셨던 것처럼 바울 역시 자신이 떠난 후에도 복음이 계속 퍼져 나갈 수 있도록 그렇게 다음 세대의 리더들을 훈련했다.

이것이 우리에게 시사하는 바가 있다. 건강한 복음 사역 방법이나 단체들이 대부분 한 세대에서 끝난다. 어떤 목회자들은 신실하게 사역하여 얼마 동안 열매를 맺은 뒤, 다음 세대 지도자 양성에 별 관심이 없거나 후임자를 지도하는 일을 소홀히 한다. 이런 교회는 목회자가 떠나면 점점 교세가 약해지거나 복음에서 떠나기 일쑤다. 후임자를 지도하는 것은 성경 신학이나 경건한 성품을 가르치는 것뿐 아니라, 그들에게 실질적인 의사 결정권을 주고 부적절한 리더십은 거부할 수 있는 지혜를 갖추게 하는 것을 포함한다. 다음 세대를 견고하게 준비하지 않았다면, 진정한 의미에서 어떤 복음 사역도 제대로 이루어 놓았다고 말할 수 없다.

말씀을 가리치는 리더 훈련하기

바울은 왜 리더를 훈련했을까? 에베소교회에 보내는 바울의 편지에서 성경 교사는 하나님의 백성을 말씀으로 훈련하여 봉사의 일을 하게 한다고 했다(엡 4:11-12). 또한 이를 통해 교회가 영적 하나 됨과 그리스도 안에서의 성숙을 이루도록 그리스도께서 보내신 사람들이라고 설명한다(엡 4:13). 이 원칙은 런던에 있는 코미션 교회들에게 엄청난 영향을 미쳤다.

교회를 축구 시합으로 비유해 보겠다. 대부분의 사람들은 교회를 마치 몸값 비싼 프로 선수들(사역자)이 경기하는 것(교회 사역)을 관중(성도)이 즐기며 구경하는 것 정도로 생각할 것이다. 그러나 바울은 다르게 말한다. 그가 말하는 성경 교사는 '그리스도께서 보내신 사람'이며 '성도를 온전하게 하는 사람'이다. 다시 말해 가르치는 사역은 그리스도로부터 보냄받은 모든 자녀가 하나 됨과 성숙 안에서 성도들을 모으며, 교회를 세워 가기 위해 해야 할 사역인 것이다.

축구 비유를 계속해 보자면 선수단(섬기는 모든 자)은 사역자들만이 아니라 성도들 모두다. 이들은 주장(가르침과 모범을 통해 지도하는 장로)의 지도를 받고 훈련 매뉴얼(성경)에 따라 코치들(설교자와 소그룹 리더)에게 훈련을 받는다. 그런 다음 경기를 뛰고(하나님 사랑, 이웃 사랑, 지역 사랑), 경쟁팀(죄, 이 세상, 사탄)에 대비하고, 계속 싸워 승리할 수 있도록 유소년 아카데미를 운영(자녀들을 성경으로 양육)한다. 구경하는 관중은 믿지 않는 친구들, 가족, 그리고 직장 동료들과 지역사회다. 따라서 실질적으로 '교역자팀' 안에는 모든 신자가 포함되어야 한다(교회 내 비신자는 대예배에 참여할 수 있지만 그들이 믿음으로 드리지 못하는 찬양이나 가르침에는 참여할 수 없다. 비신자에게 사역을 맡기는 것은 현명하지 못한 일이다. 자칫 잘못하면 자신이 구원받았다고 생각할 수 있으며, 이를 통해 결국 자신의 가짜 믿음이 스스로를 실망시키고 교회로부터 멀어지게 할 수 있기 때문이다).

말씀 교육이 모든 사람을 위한 훈련이라는 점에 주목하라. 바울은 이를 담임목사나 교역자들, 가능성 있는 목회자 지망생으로 제한하지 않았다. 만약 교회가 모든 성도의 사역을 통해 성장한다면 모든 성도가 말씀 교육의 유익을 누릴 수 있을 것이다. 또한 말씀 교육을 통해 성도는 자신이 하나님의 방법으로 사역한다는 확신을 얻게 될 것이다. 그리고 이 모든 사역이 '제자 삼기'라는 공통된 목적으로 연결되어 있다는 것도 볼 수 있을 것이다. 아마도 바울은 장로들을 교육할 때 그들이 소그룹 리더, 주일학교 교사, 찬양 작곡가들을 말씀으로 교육하는 방법만을 가르치지 않았을 것이다. 분명 그는 교제, 방문자 환영, 전도, 대화하기 등 비교적 덜 주목받는 일도 어떻게 말씀으로 교육할 수 있을지 가르쳤을 것이다. 마치 오케스트라가 아름다운 음악을 만들어 내기 위해 그 안의 모든 악기가 각자의 중요한 역할을 담당하는 것처럼, 교회 내 모든 성도의 사역은 경중을 떠나 한데 모여 교회를 성장시킨다. 본질적으로 바울의 교회 성장 전략은 사람들을 말씀으로 훈련시켜서 몸 된 지체들을 세워 가는 '보디빌딩' 사역이었다. 따라서 모든 교회는 '훈련하는 교회'이고, 모든 성도는 '사역을 위한 훈련'을 받아야 한다.

실용적이고 기능적인 사역은 반드시 그리스도의 제자들을 훈련시키는 영적 사역을 섬겨야 한다는 점을 짚고 넘어가겠다. 물론 전략적 계획 수립이나 기능적인 지원, 심지어 건물이나 미적 감각도 무시해서는 안 된다. 이러한 것들도 말씀 사역을 든든히 받쳐 주는 것들이다. 안타깝게도 이런 사역을 무시하는 교회들이 있는데, 이로 인해 결국 영적인 성장이 침체되기도 한다. 하나님의 청지기로서 장로들에게 각 가정을 돌보는 역할을 부여하여 그들이 가정을 감독, 관리하게 하거나, 혹은 여러 사역팀을 발전시키는 현명하고 전략적인 방법을 통해 잃어버린 영혼들에게 다가가게 하면 여러모로 유익하다(예컨대 단순히 목회자의 수를 늘리기보다는 '목적 중심'의 사역팀 개발을 고려하라).

우리는 전략, 계획 수립, 각종 기능 전부가 '모든 민족으로 제자 삼는다'는 공통의 목적을 위해 존재한다는 사실을 반드시 기억해야 한다. 콜린 마샬(Colin Marshall)과 토니 페인(Tony Payne)이 쓴 『지지대와 포도나무』(The Trellis and the Vine)라는 책에서 사용한 비유로 설명해 보겠다. 교회를 지원하는 기능적 구조(지지대)는 오직 교회의 영적 성장(포도나무)을 위해 존재한다. 그러나 슬프게도 새로운 교회 관리 시스템이나 건축 계획에 사로잡혀서 말씀으로 사람들을 깊이 가르치고 교육하는 일을 무시하는 교회들이 있다. 그러면서도 왜 성도들이 성장하지 않고 봉사하기를 꺼리는지 궁금해한다. 지지대는 포도나무를 떠받쳐야 한다. 그 반대가 되어서는 안 된다. 장로들의 사역에서 전략과 구조는 하나님의 백성들을 하나님의 말씀으로 교육하는 것을 지원할 때만 효과적이라는 것을 명심해야 한다. 이와 같은 말씀 사역은 하나님의 교회를 수적으로 성장시키고, 그리스도를 닮은 연합과 성숙함으로 자라게 한다.

장로 훈련하기

하나님은 본문을 통해 바울이 에베소교회 장로들을 훈련한, 귀한 '핵심 요약 보고서'를 우리에게 알려 주신다. '장로'(Elder)라는 단어는 '연장자'(senior men)라는 뜻이다. 사도 바울은 각 교회의 영적 건강을 위해 장로를 세우게 했고, 장로가 없는 교회는 불완전한 교회로 간주하였다. 디도를 그레데섬에 남겨둔 것도 개척된 교회마다 도덕적으로 책망할 것이 없고 교리적으로 바른 장로를 임명하기 위해서였다(딛 1:5-9 참고).

장로는 하나의 팀으로 서로 다른 은사와 경험과 에너지를 합하여 교회를 이끌어야 하기 때문에 둘 이상이어야 했다. 그들은 영적인 연장자였다. 성숙함에서 나오는 경험과 지혜와 권위로 교회를 이끌어야 했기 때문이다. 또한 모든 교회는 하나님의 가정이라는 점에서 가장에게서 나오는 묵직한 사랑의 리더십이 필요했기에 장로는 남성이어야 했다(바울은 디모데전서 2장에 기록된 하나님의 창조 질서로 그 이유를 설명한다).

바울은 성경의 다른 곳에서 장로들은 반드시 경건함과 말씀을 가르치는 능력과 성도들을 감독할 만한 자질이 인정된 사람이어야 한다고 말한다. 장로는 스스로 임명할 수 없으며, 다른 선임들에 의해 선출되고 공개적으로 임명받아야 했다. 이를 통해 다른 교회와 자기 교회 회중에게 하나님이 주신 권위, 즉 '감독자'(문자적으로 '장로', 또는 '감독'이며 관리하고 감독하는 직무를 가졌다)와 '목자'(이끌고 보호하고 공급하는 자)로서의 권위를 인정받았다.

많은 교회가 장로회를 임명하고 있다. 명시적으로 장로회를 임명하지 않는 교회라 할지라도 장로의 역할을 하는 리더가 있다(성공회는 이를 '교구 목회자', 혹은 '감독'이라고 부른다). 일반적으로 장로의 역할을 감당할 사람을 세우고 임명하는 것은 한 교회의 건강을 위해 필수적이다. 바울이 이후에 설명하려는 중대한 사역에서도 장로의 임명은 매우 중요한 문제다. 교회는 장로들 없이 결코 영적으로 성장할 수 없다.

실제로 장로회가 어떤 기능을 하는지는 그 문화와 전통에 따라 크게 달라질 것이다. 어떤 문화에서는 장로에게 막대한 권위를 주기도 한다(특히 '장로'나 '감독'이라는 용어를 사용하는 교단이 그렇다. 장로 중에서도 가르치는 장로는 고용된 장로로서 목회자를 지칭한다). 이런 교회의 장로들은 주어진 권위로 교회를 적극적으로 이끌어 나갈 수 있지만, 회중의 공감을 이끌어 내지 못하거나 스스로 자만에 빠질 위험이 있다. 이와 다른 문화권의 교회들은 민주주의 리더십을 추구하기도 한다. 그러나 이러한 교회는 성도들의 참여를 이끌어 내는 반면 리더들이 교회를 적극적으로 이끌 수 없거나 타성에 젖어 교회 안에 분쟁이 생기기 쉽다.

이상적인 대안은 앞에서 언급한 두 경우의 장점을 취하는 것이다. 즉 한편으로는 성도들이 목회자와 교회 임직원들의 경건함과 은사를 인정하게 하여 모든 의사 결정마다 일일이 회중과 의논하지 않고도 사역을 감당해 나갈 수 있도록 그들에게 충분한 자유를 허용해 주는 것이다. 그리고 다른 한편으로는 임명된 리더들이 성숙한 성도들의 경건한 지혜와 여러 전문성을 존중하면서, 성도들로 구성된 팀(장로들로 구성된 팀)이 리더들의 책무를 기꺼이 수행하게 하는 것이다. 건강한 교회는 장로들과 직원이 적극적인 리더십을 행사하면서도 성도들과 상의해야 할 경우를 지혜롭게 분별한다. 또한 교회가 화목하게 성장할 때 조직을 편성하여 관리 기구를 만들고, 이것을 문서로 명시하는 것이 좋다. 순진하게도 그런 것이 필요하지 않을 거라고 믿다가 나중에 갈등이나 분쟁이 생긴 후에 후회하지 말고 미리 대비하는 것이 바람직하다.

바울은 몸된 교회를 세워 가는 보디빌딩의 첫 단추가 장로들을 교육하는 것임을 알고 있었다. 여기서 교육이란 단지 장로들을 훈련하는 것만이 아닌, 그들이 또 다른 사람들을 훈련시킬 수 있는 데까지 나아가는 재교육까지 포함한다. 이 교육은 단순히 더 많은 사역을 양적으로만 더하는 것이 아니다. 다른 사람들을 사역에 동참시키는 것, 즉 확장하는 복음 사역에 대한 것이다.

이렇게 장로들이 사역의 원칙을 배울 때, 자신의 약점 및 교회에 도움이 필요한 시점을 충분히 파악할 수 있어 유익하다. 일례로 우리 교회의 규모가 커져 감에 따라 사역팀을 관리하고 기능적 지원을 개발하기 위한 도움이 필요했을 때, 나는 장로들과 전문적 지식을 지닌 리더들과 젊은 사역자들의 도움을 받았다(교회의 규모가 사역에 미치는 영향에 대해 팀 켈러가 쓴 "리더십과 교회 크기 역학"[Leadership and Church Size Dynamics]이라는 소논문과 레이 에반스의 책 『준비하다, 안정되다, 성장하다』[Ready, Steady, Grow]에서 큰 도움을 받았다).

최근에 나는 개인적으로 매우 존경하는 다른 교회 목사님께 내 비공식적인 코치가 되어 달라고 부탁했다. 스포츠 세계에서 배워야 할 점이 있다면 분명 코칭의 중요성일 것이다. 대개 초등학교 팀은 한 명의 코치를 두고, 구단인 경우에는 여러 명의 코치가 있고, 국가대표 팀은 모든 분야에 수많은 코치를 고용한다. 이와 달리 교회는 연장자가 될수록 훈련을 받지 않는다. 일반적으로 담임목사나 장로들은 교회 내에서 막대한 영향을 미치므로 이들이 신학적, 도덕적, 감정적으로 무너지면 교회는 돌이킬 수 없는 피해를 받게 된다. 그러므로 교회의 지도자라면 다른 사람을 지도하는 것처럼 자기 자신도 반드시 지속적으로 지도받기 위해 애쓰고 힘쓰고 노력하는 리더가 되기 바란다(대학 강의나 각종 콘퍼런스에 참여하는 것도 좋고, 선배 사역자에게 멘토링을 받는 것도 좋다).

우리는 '훈련받은 이가 또 다른 하나님의 백성을 훈련하며 교회가 성장한다'는 바울의 교훈을 배워야 한다.

질문과 적용

1. 교회에서 지금 헌신하고 있는 사역을 위해 어떤 성경공부 훈련을 받았습니까?

2. 다음 사역들에 대해 당신이 속한 교회는 어떤 전략을 가지고 있습니까? 또 방문자 환영이나 교제처럼 비교적 가볍게 여겨지는 사역에 대해서는 어떠합니까?
   (후임 교역자 훈련 및 발굴, 전도, 교회 개척, 선교 사역, 재정 후원, 소그룹 리더, 여성 사역자, 주일학교 사역자 등)

교회성장 DNA

> 당신이 제공하는 훈련의 질을 향상시키기 위해 무엇을 해야 합니까? 그리고 당신에게 필요한 훈련은 어떻게 준비해야 합니까?

삶을 나누라
복음 사역은 서로 배우며 이해하는 것이다

03

"오매 그들에게 말하되 아시아에 들어온 첫날부터
지금까지 내가 항상 여러분 가운데서
어떻게 행하였는지를 여러분도 아는 바니"(행 20:18).

복음 사역은 삶의 방식이다

에베소교회의 리더들이 사랑하는 사도의 말을 들으려고 둘러앉았을 때, 바울이 "내가 … 어떻게 행하였는지를 여러분도 아는 바니"라고 말한 것은 예상 밖의 일이었다.

바울은 "내가 무엇을 가르쳤는지를 여러분도 아는 바니"라고 말하지 않았다. 또한 교육에 대해 먼저 언급하거나 더 자세한 지식을 전달하는 것으로 시작하지 않았다.

왜 그랬을까?

바울은 에베소교회의 리더들이 자신의 삶을 기억하고 자신과 같이 살기를 원했다. 바울에게 복음 사역은 곧 '삶의 방식'이었기 때문이다. 복음은 살아 역동하는 생명의 메시지다. 물론 우리는 기록된 말씀인 성경을 통해 신중히 연구하고 또 배워야 한다.

그러나 효과적이고 지속적인 복음 사역이란 수많은 환경 속에서 복음을 선포하는 것이다. 이는 나의 삶이 복음에 의해 빚어지고, 여러 상황에서 복음을 선포하는 것에 사로잡히는 것을 말한다.

삶을 공유하는 것은 경험이 많지 않은 리더들을 훈련시키는 가장 좋은 방법이다. 자신이 아직 경험해 보지 못한 리더의 삶을 공유함으로써 온갖 상황에 대처할 수 있는 삶의 방식을 간접적으로 경험해 볼 수 있기 때문이다.

예를 들어 교회에 헌신적인 당신으로부터 헌신짝 취급을 당한다고 느끼는 아내에게 어떤 말을 해야 할지 대학 교육 과정은 가르쳐 주지 않는다. 또한 자신의 삶의 방식을 인정받고 싶어 하는 동성애자 미용사에게 무슨 말을 해야 할지도 알려 주지 않는다. 이성 친구와 헤어진 당신의 자녀에게도 마찬가지다. 위험한 아프리카 지역의 선교사로 나갈 준비를 하는 교회 지체에게도, 클럽을 전전하는 친구들 사이에서 거룩함을 지키기 위해 발버둥 치는 교회 청년에게도, 기독교라면 질색하는 직장 동료에게 복음을 전하려는 성도에게도 어떤 말을 해야 할지 대학 교육 과정은 가르쳐 주지 않는다. 그러나 복음으로 다져진 사람은 이런 모든 상황에 합리적으로 대처한다. 왜냐하면 그들은 복음의 원리가 어떻게 삶 속에서 실질적으로 적용되는지 알고 있기 때문이다.

복음 사역은 그저 단순한 지적 개념이 아니다. 에베소서에 대한 성경 주석이나 리더십 세미나에서 배울 수 있는 전문적인 기술도 아니다. 책이나 강연 모두 분명 도움이 되지만 궁극적인 복음 사역은 '복음으로 빚어진 삶의 형태'다.

말씀 교육이 중심에 있어야 하는 것은 분명하다. 그러나 그것이 바울 사역의 전부는 아니었다.

물론 몇몇 교회에서는 사역의 중심이 말씀 교육이라는 점을 더욱 강조할 필요가 있다. 주일에 하는 성경 강해 설교, 주중 소그룹 성경 토론, 그리고 일대일 성경 멘토링 같은 말씀 사역은 반드시 교회 리더의 우선순위가 되어야 한다. 말씀 사역이 약한 교회들은 성경 본문 해석 능력을 더욱 갈고 닦는 것이 시급하다. 말씀은 믿음을 든든히 세우고, 하늘 나라의 축복을 줄 수 있기 때문이다(행 20:32).

한편 믿음이 약한 소수 교인을 위해 설교자가 필요 이상으로 너무 많은 시간과 공을 들여 지적으로 뛰어난 설교를 준비하는 교회도 있다. 이러한 교회의 특징은 리더가 복음 사역 안에서 다른 교인들과 함께 삶을 나누지 않는다는 것이다. 이런 교회의 훈련은 온통 개념적이고 신학적인 것들뿐이다.

이 점에서 오해가 없기를 바란다. 성경 신학은 교회의 모든 부분에 토대를 이룬다. 이런 이유로 나는 리더가 될 가능성이 있는 교인들을 선발하여 지난 25년간 실천 신학과 '섬김을 위한 준비'(Prepared to Serve) 과정을 한 해도 빠짐없이 운영해 왔다. 그러나 신학 자체만으로는 현장 사역자들을 길러내기에 역부족이다. 안타깝게도 실질적인 멘토링이나 현장 경험이 전무한 채로(전도사나 부교역자를 온전히 거치지 않고) 그저 학문적인 훈련만 받은 리더들은 목회 현장에서 골치 아픈 여러 상황을 만나 애를 먹는 경우가 비일비재하다. 현장에서 힘이 되는, 실제적이고 실천적인 사역 경험이 부족한 까닭이다.

바울은 분명 엄격한 신학 연구에 평생을 몸담았지만, 그 마음 중심에는 언제나 복음 사역의 삶이 크게 자리 잡고 있었다. 바울은 리더들에게 "내가 … 어떻게 행하였는지를 여러분도 아는 바니"라고 상기시킨다. 그는 건강한 복음 사역은 '배우는 것'(지식)뿐 아니라 '사로잡히는 것'(삶)임을 알고 있었다. 그래서 바울은 에베소의 리더들을 복음 사역으로 훈련시키기 위해 자신의 삶을 나눴다. 마치 예수님이 제자들을 데리고 이스라엘 지역을 다니시면서 그들에게 잊지 못할 훈련을 시키셨던 것처럼, 그리고 바울이 동역자들을 데리고 파란만장했던 동유럽 전도 여행을 떠났던 것처럼 말이다. 이를 통해 리더 훈련은 훈련 자체로 끝나는 게 아니라, 성도들에게 복음을 가르치고 목양할 수 있는 첫 번째 기회가 된다는 것을 배울 수 있다. 바울은 교회 규모가 커진 상황에서 자기 삶을 모든 성도와 일일이 공유할 수 있으리라 기대하지 않았을 것이다. 하지만 리더들의 삶을 다른 성도들과 공유함으로써 교회 전체를 훈련시킬 것을 분명히 가르치고 있다.

삶을 나누는 것이 복음 사역을 배우는 지름길이다

성경의 다른 곳에서 바울은 삶을 나누며 가르치는 것을 자녀 양육에 빗대어 말하고 있다.

우리는 그리스도의 사도로서 마땅히 권위를 주장할 수 있으나 도리어 너희

가운데서 유순한 자가 되어 유모가 자기 자녀를 기름과 같이 하였으니 우리가 이같이 너희를 사모하여 하나님의 복음뿐 아니라 우리의 목숨까지도 너희에게 주기를 기뻐함은 너희가 우리의 사랑하는 자 됨이라(살전 2:7-8).

수많은 복음 사역 단체의 훈련 프로그램은 삶을 나누며 양육하는 것을 중요하게 생각했다. 예를 들면 젠슨과 마샬에 의해 발전된 호주의 '수습 제도'(apprenticeships), 영국의 '9:38 사역'(영적인 추수를 위해 더 많은 일꾼을 보내 달라고 기도하라는 예수님의 명령인 마태복음 9장 38절에서 비롯된 이름이다), 그리고 미국의 '인턴십'(internships) 제도가 대표적이다. 실제로 대부분의 코미션 소속 교회들은 수습과 인턴 과정을 거친 사역자들이 직접 개척하거나, 스태프로 합류한 이들에 의해 일구어졌다. 그들은 각자의 사역에 맡겨진 수습생들을 훈련하며, 그렇게 훈련된 사람들 역시 삶을 나눌 제자들을 찾고 있다.

이 훈련의 목표는 이미 훈련된 사람들이 많은 사람과 복음주의적 개혁주의 신학을 공유하는 것을 넘어 복음 사역의 삶을 함께 나누는 것이고, 이것이 곧 우리 교회가 사역하는 모습이다. 그렇게 코미션에 의해 개척된 많은 교회가 이 책의 제목처럼 '교회 성장 DNA'로 확장되었다. 그리스도인의 삶은 사도행전 20장이 말하는 것처럼 반드시 성경적 원리를 토대로 해야 하고, 그러한 기반 위에서 다양한 문화에 맞는 효과적인 사역 방식을 세워 가야 한다.

우리의 사역 DNA에는 개척자 정신, 할 수 있다는 신념, 협력에 대한 마음이 들어 있다. 또한 문화적 다양성을 세계 선교의 기회로 삼고 다문화에 대한 책임 및 사역자 양성을 도모하는 성경적 훈련의 열정도 들어 있다. 우리와 다른 상황에 있는 곳에서는 또 다른 강조점들에 대한 고민이 필요할 것이다.

내 말의 핵심은 효과적인 사역을 위해서는 건강한 신학 외에 무언가가 더 있어야 한다는 것이다. 즉 신학적으로는 건강하지만 사역 방식에서는 효과적이지 못한 개혁주의 교회가 너무 많다.

사도행전 20장에서 바울은 에베소교회 리더들에게 신학적인 원리만을 강조하지 않았다. 삶 전체를 아우르는 생활 방식을 강조하였다. 실제로 바울은 디모데에게 십자가 복음을 위해 고난받는 삶의 방식을 권하면서 한 번 더 이것을 강조한다.

> 나의 교훈과 행실과 의향과 믿음과 오래 참음과 사랑과 인내와 박해를 받음과 고난과 또한 안디옥과 이고니온과 루스드라에서 당한 일과 어떠한 박해를 받은 것을 네가 과연 보고 알았거니와 주께서 이 모든 것 가운데서 나를 건지셨느니라. … 너는 배우고 확신한 일에 거하라(딤후 3:10-11, 14).

효과적인 복음 사역 훈련의 핵심은 숙련된 목회자의 삶을 공유하는 것이다. 이런 식의 개인 지도는 훈련받는 자의 '머리'(성경 지식)와 '가슴'(그리스도를 닮은 성품)과 '손'(복음 사역의 기술)에 영향을 미친다. 그리고 헌신적이면서도 현실적인 성경적 사역 방식에 자신감을 갖게 한다.

코미션의 담임 목회자들(그리고 그들의 가족)과 오랫동안 삶을 나눌 수 있다는 것이 내게 얼마나 기쁜 일인지 모른다. 나의 첫 수습생이었던 목회자 세 명은 우리 가족에게 너무도 소중한 존재다. 그들에게 내 아들의 신앙적인 후견인이 되어 달라고 부탁하는 것이 당연하다고 느꼈다(비록 그들이 축구를 함께 보자며 어느 토요일 밤에 내 집에 몰려와서 피자를 시켜 놓고 내가 그 값을 치르게 한 적이 있기는 하지만 말이다).

코미션 네트워크의 친밀한 동역은 성경에 기초한 복음적 삶의 방식을 공유함으로써 사역을 함께 배운 목회자들의 상호 신뢰와 애정을 바탕으로 굳게 세워져 있다. 이것이 바로 바울이 에베소교회의 리더들에게 가르치기 원했던 것이다.

복음 사역은 여러 문화에 적용될 수 있다

바울이 자신의 생활 방식을 설명하면서 "내가 항상 여러분 가운데서"(행 20:18)라고 묘사한 것에 주목해 보자. 물론 바울은 몇 사람이라도 구원하고자 어떤 사람을 대하든 그들과 같은 모습이 되기도 했다(고전 9:22). 하지만 여기서 그는 다양한 문화적 배경을 고려하여 상황에 따라 다르게 적용했던 내용이 아닌, 변하지 않는 본질적인 사역 원칙에 대해 말하고 있다.

여기서 분명하게 짚고 가야 하는 중요한 것이 있다. 사역의 다양한 문화적 측면에 대해서는 당연히 융통성을 발휘해야 한다. 심지어 바울은 유대인들의 문화적 공격을 피하고자 디모데에게 할례를 받게 했다!

어떤 사람은 교회의 문화가 비신자들을 소외시킬 수 있음을 교회가 전혀 인식하지 못한다고 비판한다. 나는 이 부분에 전적으로 공감한다. 교회의 사역 방식은 우리가 접근하려는 대상들에게 가능한 한 문화적으로 다가가야 한다.

혹자는 복음이 모든 민족을 위한 것이고, 천국에는 다양한 문화가 공존할 것이므로 특정 문화를 대상으로 교회가 세워지는 것을 염려하기도 한다. 그러나 모든 교회는 불가피하게 자신만의 특정한 문화를 지닌다. 따라서 계획적으로 다른 문화에 반응하고 우리가 다가가려는 대상에게 적응하기 위해 의식적으로 노력하는 것이 바람직하다. 그러지 않으면 자신도 모르게 그들을 소외시킬 수 있다.

통합은 한순간에 이루어지는 것이 아닌 과정이다

서양의 많은 도시처럼 런던도 상당히 다문화적인 도시다. 이러한 문화는 다양한 문화적, 역사적 요소들로 인해 쉽게 분열되기도 한다. 따라서 다양한 공동체에 접근하기 위해서는 그들에게 접촉할 수 있도록 사역을 '맥락화'(contextualise)하고 다듬어야 한다. 그렇게 꾸준히 사역하면서 시간이 흐르면, 훈련된 그리스도인들은 점점 더 하나님 백성의 영광스러운 다양성을 누리게 된다. 그리고 이를 통해 함께하는 천국의 삶을 미리 맛보게 된다.

코미션은 모든 사역에서 문화의 급진적인 융통성을 추구하며 맥락화를 위해 힘쓰고 있다.

예를 들면 빈민가 교회의 사역은 도시의 젊은 엘리트들과 함께하는 교회의 사역과 상당한 차이가 있다. 그리고 이 두 교회 모두 소수 민족이나 시골 가정을 대상으로 하는 교회와는 사역의 모습이 매우 다르다. 바울은 이런 문화적 융통성의 대변자였다. 그러나 절대 융통성을 발휘해서는 안 되는 경우가 있다. 바로 불변하는 그리스도의 복음을 신실하게 가르칠 때이다.

복음 자체를 변형하면 안 된다

코미션은 모든 사역에 융통성 있게 대처하지만(심지어 특정 훈련을 위해 만든 프로그램까지 상황과 환경에 맞추기 위해 노력한다) 복음 자체를 변형하는 것은 절대 달갑지 않게 생각한다.

복음이 진리라는 가장 강력한 증거 중 하나는 전 세계의 교회가 우리 주 예수 그리스도의 같은 복음을 믿는다는 사실이다. 이슬람교가 번성하기 위해서는 아랍 문화권이 형성되어야 하고, 불교가 번성하기 위해서는 동아시아 문화가 필요하며, 힌두교가 번성하기 위해서는 남아시아 문화가 필요하고, 무신론 사상이 팽배하기 위해서는 서양 문화가 필요하다. 그러나 그리스도인들은 모든 문화의 장벽을 넘어 그리스도 안에 있는 하나님 은혜의 동일한 복음을 누린다.

분명 동일한 복음 안에 있는 다양한 요소들은 각기 상황에 따라 어떤 것은 더 선호되고 어떤 것은 잘 받아들여지지 않을 것이다. 그런데도 예루살렘에 사는 이슬람 배경의 팔레스타인 그리스도인과 민스크(Minsk, 벨라루스의 수도)에 사는 공산주의 벨라루스 그리스도인들, 그리고 애니미즘 배경을 가진 르완다의 그리스도인 모두가 시드니, 뉴욕, 케이프타운, 런던과 같은 도시에 살고 있는 서양의 형제자매와 동일한 복음을 믿고 동일한 말씀으로 살아간다. 이것은 정말 감격적인 일이 아닐 수 없다. 사람들이 서로 다른 스타일의 음악으로 예배할 수 있지만, 결국 같은 내용을 노래하고 있는 것이다.

우리는 이 복음을 전함에 있어서 각자 다른 공동체, 다른 자리에서 시작하지만, 결국 우리 주 예수 그리스도에 대한 하나님의 복음이라는 동일한 목적지를 향해 가야 한다(본서 9장 참고).

사도행전 20장에서 바울은 이 땅의 모든 문화와 미래 세대를 위하여 자기 삶의 근간이 되었던 몇 가지 절대적인 사역 원칙을 가르치고 있다. 이 세상의 모든 교회의 리더들은 이것을 배우고 다른 사람들과 나누어야 한다!

질문과 적용

1. 리더가 훈련받을 사람과 삶을 나누는 것이 왜 중요합니까?

2. 당신이 속한 교회의 리더들은 당신이 사역을 위해 멘토를 찾거나 멘토가 되는 것을 권장합니까?

3. 당신이 속한 교회가 지역사회를 위한 복음 사역을 효과적으로 맥락화하려면 어떻게 해야 합니까? 직장 동료나 이웃, 가족을 위한 전도나 예배를 어떻게 구상할 수 있습니까? 이 다양한 전도 방법이나 예배에서 변하지 않는 요소가 있다면 무엇입니까?

교회성장
DNA

> 어떻게 하면 당신과 당신에게 훈련받은 성도들이 교회 안의 다른 성도들과 삶을 나누게 할 수 있습니까?

주님의 종으로 살라
하나님을 예배하는 자는 기꺼이 감당해야 할 일들이 있다

04

> "곧 모든 겸손과 눈물이며 유대인의 간계로 말미암아
> 당한 시험을 참고 주를 섬긴 것과"(행 20:19).

고대에 노예들이 받았던 가혹한 처우에 대해 들어 봤을 것이다. 그럼에도 바울은 종종 자신을 우리 주 예수님의 '종'으로 묘사했다('노예' 혹은 '사역자'로 번역되기도 한다).

과거의 바울은 대단히 존경받는 종교학자였다. 그러나 이제는 그리스도의 피로 사신 바 되었다. 바울은 예수님께 속하였고, 자기 자신에 대해 어떤 권리도 주장하지 않았다. 이러한 점에서 바울은 다음과 같이 말씀하셨던 예수님의 모범을 분명하게 따르고 있었다.

너희 중에는 그렇지 않을지니 너희 중에 누구든지 크고자 하는 자는 너희를 섬기는 자가 되고 너희 중에 누구든지 으뜸이 되고자 하는 자는 모든 사람의 종이 되어야 하리라. 인자가 온 것은 섬김을 받으려 함이 아니라 도리어 섬기려 하고 자기 목숨을 많은 사람의 대속물로 주려 함이니라(막 10:43-45).

이런 이유로 바울은 자신의 편지에서 스스로를 "예수 그리스도의 종 바울"(롬 1:1)이라고 소개했고, 다른 이들도 그리스도의 종으로 살아갈 것을 요청했다. 뿐만 아니라 바울은 "열심을 품고 주를 섬기라"(롬 12:11)고 했다. 즉 복음 사역이란 종으로 오신 '예수님의 종이 되는 것'이다!

주님을 섬기는 것이 예배다

사역과 종에 대한 단어는 '예배'에 대한 단어와 동일하다. 성경은 예배를 세 가지 차원, 곧 하나님을 사모하는 '경외심', '겸손한 복종', '순종하는 섬김'으로 묘사한다. 이러한 점에서 우리의 사역은 독재자의 억압을 못 이겨 억지로 하는 일이 아니라, 사랑하는 구주를 예배하는 복된 기회라 할 수 있다. 심판의 날에 그분께 "잘하였도다. 착하고 충성된 종아"(마 25:21)라는 칭찬을 듣는 것이야말로 예수님의 제자인 우리의 최고 목표이기 때문이다!

주님을 섬기는 것은 개인적인 사역이다

기독교 문화마다 사역에 대한 강조점이 매우 다양하다. 어떤 곳은 복음 사역을, 어떤 곳은 은혜 사역을, 어떤 곳은 말씀 사역을, 또 어떤 곳은 예수 그리스도의 사역을 강조한다. 물론 이 모든 것이 성경적인 사역이다. 그렇다면 사도 바울은 어떤 사역을 추구했을까? 바울은 본문(행 20:19)에서 우리 주님에 대한 자신의 개인적인 섬김을 강조하고 있다.

1. 우리는 복음의 종이다

복음 사역이 그저 허울뿐이거나 피상적인 것이 되지 않도록 우리를 '복음의 종'이라고 말하는 것이 타당하다. 거의 모든 비기독교인은 예수님에 대한 피상적인 부분만을 믿는다. 예를 들면 그분이 실존 인물이었다든지, 좋은 가르침을 베풀었다든지, 기적을 행했다는 것 등이다. 하지만 이러한 사실은 그 누구도 구원하지 못한다. 구원을 위해서는 예수님에 대한 중요하고도 특정한 내용을 믿어야 한다. 즉 예수님(십자가에 못 박히신 갈릴리인)은 그리스도(약속된 구세주 왕)이시며, 우리의 주님(신성을 지니셨고 부활하신 통치자)이시고, 왕으로 이 땅에 오셨으나 우리 죄를 위해 죽으셨고, 다스리기 위해 부활하셨으며, 결국 심판하러 다시 오실 분이라는 사실을 믿어야 한다. 바울은 "너희가 내가 전한 그 말을 … 헛되이 믿지 아니하였으면 그로 말미암아 구원을 받으리라"(고전 15:1-8)고 경고한다(고전 9장 참고). 그러므로 우리는 분명 복음의 종이다.

2. 우리는 은혜의 종이다

이와 더불어 우리가 '은혜의 종'인 것을 강조해야 한다. 우리의 사역이 종교적인 퍼포먼스가 되지 않도록 말이다. 복음 사역은 하나님이 우리 안에 행하신 일이 아니라 '우리를 위하여 그리스도 안에 행하신 일'이다. 우리는 우리를 위한 그리스도의 사역을 믿음으로써 의롭다 함 받았다.

그럼에도 불구하고 우리는 그리스도를 위한 나 중심의 사역이 우리를 의롭게 해 준다는 착각에 너무나 자주 빠진다! 하나님의 은혜 위에 굳게 서지 않고 그 은혜를 굳게 붙들지 않으면 우리가 해냈다는 생각으로 교만해질 것이다. 그리고 결국 실패 앞에서 무너지게 될 것이다. 따라서 우리는 복음의 종이자 은혜의 종이라는 사실을 끊임없이 되새겨야 한다.

3. 우리는 말씀의 종이다

또한 우리는 '말씀의 종'임을 강조해야 한다. 우리의 사역은 문화에 의해 만들어지거나 정치적인 타협을 추구하는 것이 아니기 때문이다. 만약 성경 안에서 하나님이 말씀하신 '은혜의 복음'을 이해하지 못한다면, 우리는 정치적인 타협으로 얻게 될 것들의 유혹 앞에서 넘어지게 될 것이다. 즉 이 세상 문화가 유혹하는 재정적 번영, 성적 자유, 회개 없는 용서와 같은 것들이다. 따라서 우리는 하나님의 말씀을 통해 끊임없이 복음에 대한 이해를 개혁해야 한다. 그리고 이 세상 문화에 의해 복음에 대한 우리의 이해가 왜곡되지 않도록 해야 한다. 우리는 복음의 종이자 은혜의 종이며, 하나님의 말씀의 종이다.

4. 우리는 주님의 종이다

아울러 우리는 '주님의 종'임을 강조해야 한다. 그리하여 우리의 사역을 기계적이거나 비개인적이거나 비인격적인 것으로 만들지 말아야 한다. 우리는 성경의 진리로 구원받았지만, 단지 예수님에 대한 역사적 지식만으로 구원을 받은 것은 아니다. 18세기 스코틀랜드의 로버트 산데만(Robert Sandeman)의 추종자들은 '단순한 진리에 대한 단순한 믿음'으로 말미암은 구원을 주장했다. 그 시대에 널리 퍼져 있던 감정주의에 과잉 반응을 일으킴으로써 개인적이고 인격적인 부분을 철저히 반대하였다. '산데마니안주의'(Sandemanianism)라 불리는 이 운동은 감정을 완전히 무시한 채 비인격적일 정도로 지성만을 추구했다. 다행히 그 당시 신학자였던 앤드류 풀러(Andrew Fuller)가 "참된 신앙은 예수님에 대한 복음이 개인적인 기쁨이나 감격 같은 인격적인 감정을 무시하지 않는다."라는 사실을 잘 보여 주었다.

우리는 감정주의에 맞선다는 명목으로 너무 지나치게 이 부분으로 흐르거나, 그리스도를 향한 애정 표현들을 하찮게 여기지 말아야 한다. 즉 21세기의 산데마니안주의가 되지 않도록 조심해야 한다. 사실 산데마니안주의는 성경적 진리 추구가 아닌 서양 문화 특유의 냉철함이고, 진정한 신앙에서 나오는 기쁨을 억누르는 것이다. 일례로 귀신들은 예수님이 "하나님의 거룩한 자"(막 1:24)라는 사실을 알고 있었음에도 구원받지 못했다. 그들에게는 예수님 안의 믿음, 곧 사랑과 회개를 일으키며 예수님께 순종하는 참된 믿음이 없었기 때문이다.

우리는 복음과 은혜, 하나님의 말씀, 우리가 사랑하는 주님을 위한 종과 사역자가 되기를 간절히 원한다. 아마도 이러한 의미에서 바울은 "내가 주님을 섬겼노라"(행 20:19)고 말하였을 것이다. 진실로 바울의 마음 깊은 곳에 있는 사역과 예배에 대한 열정을 사로잡은 것은 어떤 일이나 프로그램이 아닌 우리를 위해 십자가 위에서 피 흘려 죽으신 바로 그 주님이었기 때문이다.

주님을 섬기는 일에는 고통이 따른다

바울이 모든 겸손과 눈물로 주님을 섬겼다고 한 것은 자랑하기 위함이 아니었다. 여기서 그는 자신의 온갖 수모를 고백한다. 복음 사역에는 수치와 상처가 따라온다. 양육한 사람이 주님을 떠날 땐 좌절의 눈물을, 성도들에게 우리가 감당할 수 없는 사역이 필요할 땐 탈진의 눈물을, 사람들을 실족하게 했을 땐 부끄러움의 눈물을 흘리게 될 것이다. 우리를 사랑하기로 택하신 하나님은 우리로 인해 고통당하시고 궁극적으로 십자가에 달리시기까지 그분 자신을 기꺼이 우리에게 열어 보이셨다. 그러므로 우리도 그분을 따라 사람들을 사랑하되, 그들로 인해 상처받는 일에 우리 자신을 열어 두어야 한다. 바울은 다음과 같이 고백했다.

> 내가 마음에 큰 눌림과 걱정이 있어 많은 눈물로 너희에게 썼노니 이는 너희로 근심하게 하려 한 것이 아니요 오직 내가 너희를 향하여 넘치는 사랑이 있음을 너희로 알게 하려 함이라(고후 2:4).

주님을 섬기는 일에는 고통이 따를 것이다.

주님을 섬기는 일에는 반대가 따른다

바울도 예수님처럼 지속적으로 사역에 대한 반대와 모함에 시달렸다.

바울과 바나바를 박해하게 하여 … 순종하지 아니하는 유대인들이 이방인들의 마음을 선동하여 … 그들이 돌로 바울을 쳐서 죽은 줄로 알고 시외로 끌어내치니라. … 유대인들은 시기하여 저자의 어떤 불량한 사람들을 데리고 떼를 지어 성을 소동하게 하여 … 무리를 움직여 소동하게 하거늘 … 유대인들이 자기를 해하려고 공모하므로(행 13-20장).

여기서 주목할 점은 바울의 가장 큰 반대자가 다름 아닌 종교 지도자들이었다는 것이다. 그들은 바울의 성공을 시기하고 권력자들을 선동하여 음모를 꾸몄다(기독교가 고대 유대 종교의 완성이 아닌, 황제의 권위를 약화시키는 위험한 사이비 집단이라고 말하여 로마 당국자들을 자극했다). 이러한 상황은 오늘날에도 거의 바뀐 것이 없다. '국가'와 '종교'라는 두 권력(요한계시록에서 용, 곧 사탄을 섬기는 '짐승'으로 묘사된다)은 앞으로도 기독교를 억압하려 할 것이다. 비록 예수님이 빌라도에게 "내 나라는 여기에 속한 것이 아니니라"(요 18:36)고 말씀하셨음에도 불구하고 말이다. 심지어 기독교 유산을 지닌 서양 문화에서조차 성(性) 윤리나 성별 차이에 대한 성경적 가르침을 따르고, 교회 개척이나 길거리 전도 같은 복음 사역들을 추진하려 하면, 기성 종교 및 국가적 이데올로기의 반대에 직면하기 일쑤다. 하지만 교회는 다음의 세 가지 이유로 자기연민에 빠지지 말아야 한다.

첫째, 이러한 반대는 정상적인 것이다. 바울은 "무릇 그리스도 예수 안에서 경건하게 살고자 하는 자는 박해를 받으리라"(딤후 3:12)고 말했다.

둘째, 이러한 반대는 특권이다. 예수님은 "나로 말미암아 너희를 욕하고 박해하고 거짓으로 너희를 거슬러 모든 악한 말을 할 때에는 너희에게 복이 있나니 기뻐하고 즐거워하라. 하늘에서 너희의 상이 큼이라"(마 5:11-12)고 말씀하셨다.

셋째, 우리가 직면한 고난은 사실 그리 크지 않다. 국제 기독교 선교단체인 '오픈도어즈'(Open Doors)가 전해 주는 북한, 에리트레아, 이라크, 아프가니스탄, 파키스탄, 시리아의 형제자매들과 비교하면 우리의 고난은 절대 크다고 할 수 없다.

최근 우리 교회의 한 북한 출신 성도가 내게 북한에 있는 기독교인들의 비참한 소식을 전해 주었다. 북한은 기독교인들을 화학 실험에 이용하기도 하고, 목회자들을 일렬로 눕혀 가족이 보는 앞에서 그들의 머리를 증기 롤러로 으스러뜨리기도 한다고 했다. 북한의 성도들은 사도 바울이 매 맞고 돌로 맞은(고후 11장) 극심한 시험이 무슨 의미인지 분명하게 알 것이다(행 20:19). 그리고 언젠가 영원 안에서 우리 주님께 말로 다할 수 없는 상급을 받게 될 것이다. 주님은 그들 한 사람 한 사람을 차례로 안아 주시며 약속된 대로 이렇게 말씀하실 것이다. "잘하였도다. 착하고 충성된 종아 … 네 주인의 즐거움에 참여할지어다"(마 25:23).

디트리히 본회퍼(Dietrich Bonhoeffer)가 나치 감옥에서 기록한 유명한 말이 있다. "고난은 기독교적 제자도의 진정한 증표다. 종은 그의 주인보다 위에 있지 않다"(『제자도의 대가』[The Cost of Discipleship] 중에서).

섬기기 위해 이 땅에 종으로 오신 예수 그리스도께서 우리를 위해 십자가를 지셨고, 그분의 종인 바울도 자기 십자가를 졌다. 당신도 면류관을 받고 싶은가? 그렇다면 주님의 종으로서 자기 십자가를 져야 한다.

질문과 적용

1. 당신을 "주님의 종"이라고 할 때 어떤 느낌이 듭니까?

2. 예수님을 따르면서 어떠한 반대를 경험해 보았습니까?

3. 세계 각지에서 잔혹하게 박해받고 있는 형제자매를 위해 기도하는 시간을 가지십시오.

교회성장
DNA

당신 개인이나 교회가 안 좋게 소문나거나 반대에 부딪힐 것 같은 두려움 때문에 믿음을 내려놓고 싶은 유혹을 받아 본 적이 있습니까? 구체적으로 어떤 유혹이었습니까? 어떤 부분을 회개해야 합니까?

말씀을 가르치라
하나님은 지금도 우리에게 말씀하신다

05

"유익한 것은 무엇이든지 공중 앞에서나
각 집에서나 거리낌이 없이
여러분에게 전하여 가르치고"(행 20:20).

신약성경의 다른 부분을 보면 바울이 터키와 그리스 전역에서 성경을 가르치며 복음을 전하고, 교회를 개척하여 세웠음을 명백히 알 수 있다. 에베소서의 몇몇 구절을 통해 바울의 사역을 요약하자면, 그는 하나님의 말씀을 전파하고, 가르치며, 증언하고, 전했다(행 20:20-27).

이것을 단지 주일 설교의 소재로만 생각한다면 엄청난 실수를 저지르는 것이다. 바울은 자신이 "공중 앞에서나" 유대 회당 내에서, 혹은 믿지 않는 자들로 북적대는 시청 광장의 군중 사이에서 복음을 거리낌 없이 전하여 가르쳤다고 말한다. 뿐만 아니라 그는 사적으로도 에베소의 가정 교회인 "각 집에서" 신자들을 다양한 방법으로 가르쳤다. 주일에는 공터에 모여 있는 사람들에게 설교하고, 평일에는 사람들을 모아 성경 연구와 토의를 진행하고, 기회가 될 때마다 일대일 제자 양육과 성경적 상담을 했을 것이다. 이런 식으로 하나님의 영은 하나님의 말씀을 통해 여러 모습으로 교회를 성장시키셨다.

이는 오늘날에도 마찬가지다. 오늘날 많은 사람이 하나님의 말씀을 통해 교회로 나아와 건강한 공동체에 들어가고, 그들을 개인적으로 만나시는 하나님을 경험한다. 물론 새신자 환영이나 재미있는 어린이 사역, 진심 어린 전도 활동을 통해서 사람들이 교회로 나오고 하나님을 만나기도 한다. 하지만 이 모든 것이 말씀을 통해 사람을 변화시키시는 하나님의 사역임을 깨달아야 한다.

영적인 삶은 오직 살아 계신 하나님의 '살아 있는 말씀'으로부터 온다. 지금부터는 사도행전 20장 32절의 "그 은혜의 말씀"을 살펴보면서 하나님의 말씀이 지닌 역동적인 능력과 절대적인 주권에 대해 생각해 볼 것이다. 이 구절에서 바울은 영적인 삶이란 '가르치는 사역을 통해 하나님으로부터 주어지는 것'이라고 설명한다. 오해하지 않기 바란다. 바울은 성경을 가르치는 것이 기독교 사역의 전부라고 말하는 것이 아니다. 말씀을 가르치는 사역이야말로 성령님이 이끄시는 교회 성장의 핵심이라고 말하는 것이다.

사도행전 20장 27절에서 바울은 사람들이 싫어하는 내용을 포함하여 조금도 거리낌 없이 "하나님의 뜻을 다" 가르쳤다는 사실을 상기시키고 있다. 동시에 이 말은 바울이 자신의 이야기를 듣는 사람들에게 영적으로 도움이 될 만한 것이라면 무엇이든 주저 없이 가르쳤다는 뜻이기도 하다. 즉 그는 성도들의 상태와 필요를 여러 말씀에 비추어 살핀 것이다.

바울의 교육 프로그램은 하나님의 모든 말씀을 가르쳐야 한다는 절대 불변의 원칙과 더불어 사람들의 나이, 성숙도, 도전받는 정도와 기회 등 그들의 문화와 각 개인의 특성을 민감하게 고려한 가르침이었다.

이것이 바로 인터넷으로 접하는 세계적인 목사보다도 성도들의 영적 상태를 잘 알고 있는 지역 교회의 평범한 교사로부터 더 많은 이익을 얻을 수 있는 이유다. 일례로 전 세계적으로 선한 영향을 미치는 존 파이퍼 목사는 우리 코미션 네트워크의 그 누구보다도 설교를 잘하며, 우리는 모두 그의 뛰어난 가르침을 통해 큰 유익을 얻는다. 그러나 그런 존 파이퍼 목사도 매주 성도들과 직접 만나는 목사들만큼 각 교회와 교인들의 영적 상태를 잘 알 수는 없다.

성경을 충실하게 해설하는 데는 여러 가지 방법이 있다. 우리 자신의 목적을 위해 본문을 이용하지 않고 본문 자체에 귀를 기울이려고 노력한다면 옳고 그름을 따지는 것은 그다지 의미가 없다. 우리의 교육 대상이 바울의 청중과 다른 공동체임을 유념하라. 잠시 후 사도행전 20장 18-27절에 나타난 바울의 다양한 접근 방식을 지역 교회에 적용하면서 유용했던 몇 가지 방법에 대해 이야기할 것이다.

우리 교회의 주일 설교는 일반적으로 '주제 설교'(특정 주제에 관련된 온갖 성경 구절을 가르치는 설교)가 아닌 '강해 설교'(성경 본문 자체를 강해하는 설교)다. 그렇게 하는 이유는 주제 설교가 종종 특정 주제를 다루는 데는 유익하지만, 강해 설교가 하나님의 말씀을 하나님이 주신 그대로 골고루 다룬다고 확신하기 때문이다. 강해 설교는 인간의 입맛에 맞게 성경을 인위적으로 쥐어 짜내는 것을 지양하는 데 도움이 된다. 또한 청중이 스스로 말씀을 이해하고, 설교자의 말을 성경에 비추어 검증해 볼 수 있는 능력도 키워 준다.

코미션 네트워크에 소속된 몇몇 교회는 강해 설교와 더불어 주일 예배

때 공식적으로 간단한 주제별 문답 시간을 갖기도 한다. 이 시간을 통해 최근의 이슈들도 다룬다. 성경말씀 속에 있는 하나님의 전체적인 뜻을 알아가는 데 도움이 될 만한 모든 것을 다루는 것이다. 다른 교회는 강해식 가르침과 주제식 가르침을 각각 다른 시간에 제공하기도 한다. 예를 들어 주중 소그룹 모임 때는 연속되는 본문(주로 주일 설교 내용을 중심으로)을 가지고 강해식으로 살펴보고 토의하며, 비정기적인 세미나를 통해서는 최신 사안이나 사역에 필요한 부분을 다룬다.

하지만 대개 주일에는 필요에 따라 인위적으로 선택한 주제식 시리즈 설교보다는 순차적인 본문 강해 가운데 주님의 살아 계신 성령님이 신묘막측하게 말씀하시며 도전하시는 것을 추구한다. 그 부분이 설사 꾸지람이 들어 있는 본문이라 할지라도 말이다. 우리는 성경말씀 듣기를 간절히 원하지, 하나님의 거룩한 말씀을 우리를 위하여 오용하거나 남용하기를 원하지 않는다.

설교에 영향을 미치는 네 가지 원칙

경건하고 유능한 설교자의 설교 방식은 다양하다(거듭 말하지만 설교자가 하고 싶은 말을 하기 위해 말씀을 이용하는 것이 아니라 하나님의 말씀 자체를 설명하려 하는 이상, 더 옳은 방법이란 없다!).

우리 네트워크 안에는 각기 다른 성향을 지닌 사람들이 많이 있고, 각자가 매우 다양한 환경에서 다양한 스타일로 설교한다. 그럼에도 불구하고 우리 모두에게 공통적으로 긍정적인 영향을 미친 네 가지 요인을 소개해 보겠다.

1. 구조

성경을 강조하는 영국의 복음주의자 대부분은 청소년 캠프 수련회에서 들은 존 스토트(John Stott)의 교육 방법에 감사하고 있다. 존 스토트는 성경 본문의 구조와 내용이 그대로 설교의 구조와 내용에 적용되어야 한다는 점을 강조한다. 곧 설교자가 말씀을 선포할 때의 주제는 반드시 성경 본문에 나오는 주제, 곧 역사적 사실의 주제여야 하고, 설교자에 의해서 의도적으로 만들어진 주제가 선포되면 안 된다는 것이다.

2. 전후 문맥

또한 우리는 딕 루카스(Dick Lucas)가 세운 영국의 대표적인 설교 연구원인 '프로클러메이션 트러스트'(The Proclamation Trust)의 교육 방법에 큰 영향을 받았다(여기서 운영하는 콘힐 강해 설교 훈련학교 또한 마찬가지다). 루카스는 어느 성경 본문이든 그것이 속한 책의 문맥 안에서 이해해야 함을 강조한다. 우리는 이 원칙을 대단히 중요하게 생각해 왔다. 루카스는 본문을 주의 깊게 연구하여 그 안에 있는 저자의 핵심 목적과 그 목적을 이루기 위해 사용된 핵심 주제를 분별하라고 한결같이 말한다. 특정 목적을 위해 반복적으로 사용되는 주제는 음악으로 치면 반복적으로 흘러나오는 선율과 같다. 따라서 핵심 주제를 뚜렷하게 보여 주며, 성경에서 이를 뒷받침하는 세부 내용을 이해하는 데 크게 도움을 준다.

3. 성경 신학

우리는 존 채프먼(John Chapman), 필립 젠슨(Phillip Jensen) 그리고 존 우드하우스(John Woodhouse)라는 호주 설교자들에게도 영향을 받았다. 그들의 교육 방법은 성경 어느 부분을 해석하든 성경 전체를 사용하는 것이다. 이러한 '성경 신학적' 이해는 다음의 세 가지 원리에 기초한다.

- 성경의 여러 저자 뒤에는 단 한 분 신적 저자이신 '하나님의 영'이 계신다. 이것은 다른 여러 성경이 서로 일치하며, 서로 다른 책을 해석하기 위해 성경의 다른 구절을 사용할 수 있고, 또 사용해야 함을 의미한다.
- 성경은 역사적으로 다양한 시대에 걸쳐 기록되었음에도 불구하고 '하나님 나라'를 드러내는 단 하나의 역사적 드라마가 펼쳐진다. 이는 우리가 이 포괄적인 역사의 모든 부분이 지닌 배경과 결말 모두를 잊지 말아야 함을 의미한다.
- 성경에 묘사된 수많은 등장인물의 중심에 단 한 명의 영웅인 '하나님의 아들'이 계신다. 따라서 모든 성경구절은 그분을 통한 구원과 연결되어 있다. 구약성경의 사사, 재판관, 선지자, 제사장과 왕, 성전이나 안식일 같은 제도, 그리고 이집트 노예 생활로부터의 구속 등 모든 부분이 우리가 예수님을 이해하도록 돕는다.

4. 적용

근래에는 팀 켈러(Tim Keller), 존 파이퍼(John Piper) 그리고 D. A. 카슨(Don Carson)과 같은 미국의 가스펠콜리션(The Gospel Coalition)의 설교자

들로부터 영향을 받았다. 그들은 특별히 전 세계적으로 도시 문화권에 사는 사람들의 삶에 대해 성경 본문이 가진 필수적인 함축들을 신중하게 적용할 것을 강조한다. 이는 실제로 우리 모두의 삶에 큰 유익을 주고 있다. 그들은 강력한 의사소통가다. 본문의 원래 의미를 퇴색시키지 않으면서도 청중을 사로잡아 납득시키고 설득하는 데 탁월하다.

또한 그들은 오늘날 이 시대를 살아가는 사람들의 문화와 삶과 철학을 잘 이해하고 있다. 그리하여 성경을 청중들의 삶과 잘 접목시켜 열매를 맺게 한다.

우리는 모든 가르침에서 '명확성'을 추구해야 한다. "그리하면 내가 마땅히 할 말로써(명확하게 전함으로써) 이 비밀(복음)을 나타내리라"(골 4:4).

위대한 복음주의 지도자 J. C. 라일(John Charles Ryle)은 특유의 통찰로 이렇게 썼다. "나는 내 스타일을 십자가에 못 박는 것이 당연한 의무라고 생각한다." 그리고 18세기 위대한 설교자 조지 휘트필드(George Whitefield)에 대해 이렇게 말했다. "휘트필드의 설교는 아주 명쾌하고 간단했다. 그의 청중들은 휘트필드의 교리를 어떻게 생각하든 상관없이 그가 의미하는 바를 이해하지 못한 적이 없다."

나를 비롯한 코미션 설교자들은 하나같이 이러한 명확성을 추구하고 있다. 무엇보다 우리는 성경을 가르치는 목적에 한 가지 확신을 가지고 있다. 그것은 바로 사람들이 회개의 신앙을 가지고 성경에 기록된 하나님의 말씀을 이해하고, 이에 반응하도록 돕는 것이다.

우리는 지혜로운 창조자요, 놀라운 재판장이요, 사랑하는 구주이자 섭리하시는 아버지로부터 나온 이 기록된 말씀의 다스림을 받는 것을 기뻐한다. 기도하며 행하는 성경 교육은 코미션 교회의 여러 사역 중에서도 핵심 사역이다.

이 점에 있어서 우리는 사도 바울의 본을 따른다. 말씀을 가르치는 것이야말로 우리 주님이 하신 복음 사역의 중심이었기 때문이다. "이르시되 우리가 다른 가까운 마을들로 가자. 거기서도 전도하리니 내가 이를 위하여 왔노라 하시고"(막 1:38). 그런 다음 주님은 제자들에게 이렇게 명령하셨다. "그러므로 너희는 가서 모든 민족을 제자로 삼아 아버지와 아들과 성령의 이름으로 세례를 베풀고 내가 너희에게 분부한 모든 것을 가르쳐 지키게 하라. 볼지어다. 내가 세상 끝날까지 너희와 항상 함께 있으리라 하시니라"(마 28:19-20).

질문과 적용

1. "유익한 것은 무엇이든지"(행 20:20). 당신이 속한 교회 상황에서 가장 중요하게 다루어야 할 특정 이슈나 성경의 주제는 무엇입니까?

2. 설교 말씀을 잘 듣는 데 도움이 되는 방법에는 어떤 것들이 있습니까?
   (설교 말씀 적기, 다음 날 본문 말씀 다시 보기, 예배 후 사람들과 함께 설교 내용으로 기도하기 등)

3. 좋은 설교와 나쁜 설교를 나누는 기준이 무엇이라고 생각합니까?

4. 최근에 설교를 통해 하나님께서 당신에게 말씀하신 것은 무엇입니까?

당신이 속한 교회는 모든 사역 중에서 하나님의 말씀을 주의 깊게 가르치는 것을 가장 우선순위에 둡니까?

회개와 믿음을 간구하라
회개와 믿음이 없으면 구원받지 못한다

06

"유대인과 헬라인들에게 하나님께 대한 회개와
우리 주 예수 그리스도께 대한 믿음을 증언한 것이라"(행 20:21).

    사도행전 20장에서 바울은 하나님이 우리에게 주신 구원은 단지 지적인 이해나 감정적인 자극이 아니라 '회개'와 '믿음'임을 상기시키고 있다. 회개와 믿음을 가지라는 말이 너무도 도전적이어서 처음에는 에베소의 장로들이 이 말을 그리 달갑게 듣지 않았을 것이다. 또한 바울이 회당에 있던 유대인들에게도 회개하고 믿으라고 했던 것을 기억했을 것이다. 그런 이유로 바울은 거의 모든 곳에서 사람들의 격렬한 분노에 부딪혔다.

    회개와 믿음은 동전의 양면과 같다. 성경의 하나님은 회개를 요구하신다. 예를 들면 바울은 아테네의 철학자들에게 "이제는 어디든지 사람에게 다 명하사 회개하라 하셨으니"(행 17:30)라고 이야기한다. 하지만 성경의 다른 곳에서 하나님은 '믿음'을 요구하신다. 바울도 빌립보의 간수에게 "이르되 주 예수를 믿으라. 그리하면 너와 네 집이 구원을 받으리라"(행 16:31)고 했다. 즉 '회개'와 '믿음'은 돌이킴의 두 가지 측면으로, '죄짓는 삶으로부터 돌이킴'(회개)과 '하나님을 믿는 삶으로 돌이킴'(믿음)이다.

회개는 죄에서 돌이키는 것이다

"회개하라"는 말은 '마음을 바꾸라'는 뜻이다. 이것은 지적으로 이해하고 받아들이는 것보다 훨씬 깊은 의미를 가진다. 마음을 바꾸되 '의지'(우리가 행하려는 것)와 '애정'(우리가 사랑하는 것)까지 바꾸라는 것이다. 이것이 바로 세례 요한이 회개는 말로만 하는 것이 아니라 행동으로 나타나야 한다고 주장한 이유다. "그러므로 회개에 합당한 열매를 맺고"(마 3:8).

착각하지 말아야 할 것이 있다. 구원에 이르는 회개는 단지 복음을 지적으로 이해하는 것이 아니다. 복음의 능력을 감정적으로만 느끼는 것도 아니다. 지성과 감성을 동원하여 복음에 동의하는 것도 아니다. 심지어 복음을 통해 변하고 싶다고 간절히 원하는 것조차 구원에 이르는 회개는 아니다! 진정한 회개는 많은 대가를 지불할지라도 이전과는 다르게 행동하고, 미워하던 사람조차 사랑하기까지 우리의 심신을 크게 바꾸는 것을 의미한다. 물론 우리 안에 남은 죄된 본성 때문에 이 땅에서는 아무도 완벽한 존재가 될 수 없다. 그러나 참된 회개는 끊임없이 이전과 다르게 살려고 시도한다! 바울은 헤롯 아그립바 왕에게 이렇게 말했다. "회개하고 하나님께로 돌아와서 회개에 합당한 일을 하라 전하므로"(행 26:20).

구약성경에 표현된 '회개'의 뜻은 (죄로 인한) '애통함'과 (우상으로부터) '돌이킴'이다. 이 두 단어는 백성들을 하나님께로 돌이키려 했던 선지자들의 삶과 사역을 잘 보여 준다. 대표적으로 갈멜산에서 엘리야와 바알 선지자들이 극적인 대결을 펼칠 때 엘리야의 기도를 들으신 하나님께서 사람들의 마음을 우상으로부터 자신에게로 돌이키신 것에서 볼 수 있다(왕상 18:37). 그러므로 교회가 훈련 과정이나 전도 교재를 채택할 땐 반드시 구원에 이르는 회개의 필요성을 분명하게 가르치는지를 중요하게 생각해야 한다. 코미션을 포함한 많은 개혁 교회가 회개의 필요성을 단순명료하게 설명하고 강조한 『기독교 탐사 핸드북』(Christianity Explored, IVP, 2016)을 사용하고 있다. 회개는 죄의 길에서 믿음의 길로, 이 세상의 우상을 예배하는 것으로부터 하나님을 예배하는 것으로 돌이키는 것을 수반한다(물질과 편안함, 경력과 지위, 세상이 주는 기쁨과 즐거움, 심지어 가족과 안정감처럼 좋은 것들을 하나님 자리에 대신 올려놓고 예배할 때, 우리는 진정한 만족과 구원을 얻지 못한다).

믿음은 하나님에 대한 신뢰로 돌이키는 것이다

'믿음'이라는 단어는 종종 '신뢰'로 번역되기도 한다. 이는 무엇인가를, 혹은 누군가를 신뢰하거나 의존하는 것을 의미한다. 비신자들은 종종 "나도 믿고 싶지."라고 말하는데 사실은 그들도 이미 무엇인가를 믿고 있다. 다만 그 사실을 알지 못할 뿐이다. 일례로 사람들은 기차를 탈 때 기차가 목적지까지 갈 것이라고 믿으며, 의사에게 약을 처방받을 때도 의사를 믿는다. 그들은 다만 구원에 이르는 그리스도를 믿는 믿음이 없을 뿐이다. 믿음은 들음에서 난다(롬 10:17). 그리스도를 믿는 믿음은 영적으로 죽은 비신자들에게 오직 복음을 통하여 성령으로 말미암아 일어난다. 믿음이 말씀을 듣는 데서 생기고, 눈에 보이지 않는다고 해서 기독교 신앙이 상상 속에만 존재하는 비이성적인 확신이라는 의미는 절대 아니다!

우리가 믿는 복음은 진리다. 성경의 수많은 증거가 이를 증언한다. 성경에는 놀라울 만큼 정교한 논리, 선지자들의 구체적인 예언, 신비로운 이적, 수많은 증인들의 증언이 담겨 있다. 이것이 바로 사람들이 복음을 듣고 마음이 열려 구원으로 나아오는 이유다. 무작정 사람들의 마음을 무시하고 속여서 믿음을 갖게 하는 것이 아니다. 예를 들어 바울은 "성경을 가지고 강론하며 뜻을 풀어 … 증언하고 이르되 … 하나님 나라에 관하여 강론하며 권면"(행 17:2-3, 19:8)했다. 우리 역시 비신자일 때는 영적으로 눈이 멀어 있었지만 성경말씀을 통해 복음 되신 예수님을 믿고 새롭게 신자가 된 것이다. '믿음'에는 다음과 같은 의미가 담겨 있다.

- 하나님을 아는 법: 하나님이 자신에 대해 하신 말씀을 믿는 것
- 구원을 얻는 법: 하나님의 복음의 약속을 믿는 것
- 하나님을 기쁘시게 하는 법: 하나님의 말씀을 믿으며 순종하는 것
- 하나님을 경험하는 법: 하나님 말씀의 의미를 느끼는 것
- 하나님을 섬기는 법: 주께서 다시 오신다는 말씀을 확신하는 것

1년 동안 호주의 무어신학교(Moore College)에서 공부할 때, 어느 날 피터 젠슨 학장님이 나를 저녁 식사에 초대해 주셨다. 그리고 함께 설거지를 하며 이렇게 질문하셨다. "기독교인의 삶을 가장 잘 요약하는 단어가 뭐라고 생각하나요?" 순간 나는 꿀 먹은 벙어리가 되었다. 그분이 나를 곤경에서 건져내 주실 때까지 몇 시간 동안 아무 말 대잔치를 했다. 이윽고 그분이 평온한 목소리로 "믿음이 아닐까요?"라고 말했다. 나에게는

무척 창피한 경험이었지만 그때 얻은 교훈은 절대 잊을 수가 없다.

그리스도 안에서 하나님이 하시는 구원 사역은 말씀으로 우리에게 적용된다. 따라서 그리스도인의 삶 전체를 가장 잘 요약하는 단어는 바로 '믿음'이다. 본질적으로 하나님과 우리의 관계는 '하나님이 기록하신 말씀'(성경) 안에서 '육신이 되신 하나님의 말씀'(그리스도)을 통해 말씀하시는 하나님에 관한 것, 그리고 '하나님을 의지하는 기도'(하나님이 성경으로 말씀하시면 우리는 믿음의 기도로 응답한다)로 표현되는 우리 자신에 대한 것이다.

믿음에 대한 세 가지 오해

1. 믿음은 경험이 아니다

믿음은 경험이 아니라 '하나님 말씀에 대한 신뢰'다. "믿음은 바라는 것들의 실상이요 보이지 않는 것들의 증거니"(히 11:1). 우리가 아브라함부터 예수님까지의 수많은 이야기를 통해 알게 되는 것은 믿음은 신자로 하여금 불가능해 보이는 하나님의 약속을 신뢰하게 하고, 미래에 있을 고난을 넉넉히 견디게 해 준다는 것이다. 즉 구원하는 믿음은 하나님이 말씀으로 하신 약속을 지금 당장 경험하라고 우리에게 요구하지 않는다.

2. 믿음은 율법에 순종하는 행위가 아니다

"우리도 그리스도 예수를 믿나니 이는 우리가 율법의 행위로써가 아니고 그리스도를 믿음으로써 의롭다 함을 얻으려 함이라"(갈 2:16).

로마서와 갈라디아서는 '영원한 구원은 결함 많은 우리를 대신하여 완벽한 삶을 사신 예수님의 의로우신 순종을 믿음으로써 은혜로 값없이 받는 것'이라고 말한다. 턱없이 부족한 우리 행위로 얻는 것이 아니라는 점을 유독 명료하게 말해 준다. 구원하는 믿음은 시작부터 끝까지 우리를 구원하시는 하나님을 믿는 것이다. 이는 하나님의 전적인 선물이다.

3. 믿음은 선한 행실과 관련이 있다

"행함이 없는 믿음은 그 자체가 죽은 것이라"(약 2:17)는 야고보의 선언은 바울의 생각과 다르지 않다. 이는 바울이 갈라디아서에서 "사랑으로써 역사하는 믿음뿐"(갈 5:6)이라고 한 것을 통해 알 수 있다. 야고보와 바울 모두 '참된 믿음은 행동을 통해 표현된다'고 주장한다. 우리는 우리의 행위가 아닌 예수님의 순종으로 구원받았지만, 선한 삶을 살아가도록 구원받았다. 따라서 참된 믿음은 언제나 타인을 향한 선한 행실로 표현된다. 그것은 우리가 구원받은 이유가 아닌 구원받은 것에 대한 결과이자 증거다. 다시 말해 구원하는 믿음은 선한 사랑의 행실로 표현된다.

바울의 사역 안에서, 그리고 그의 사역을 이어 가는 오늘날의 교회 안에서 회개와 믿음은 단지 구원받은 성도들이 죄에서 그리스도께로 처음 돌아섰을 때만 나타나지 않는다. 회개와 믿음은 하나님의 말씀을 듣는 우리 삶 곳곳에서 발견되는 지속적이고 전형적인 반응이다. 이는 회개하고 하나님의 말씀을 믿는 매 순간마다 기독교인이 된다는 말이 아니다. 회개와 믿음을 통해 성령님은 우리 삶의 모든 영역이 새로운 삶의 방향과 일치되게 하신다. 즉 회개하는 믿음은 그리스도인의 생활 방식이다.

질문과 적용

1. 당신이 그리스도를 따르기 위해 회개했을 때 당신에게 어떤 변화가 일어났습니까?

2. 당신과 당신이 속한 교회는 그리스도인이 되고, 또 그리스도인으로 자라가는 데 있어서 회개가 필수적이라는 사실을 어떻게 설명합니까?

3. "기독교인의 삶은 믿음으로 사는 삶이라던데 어떤 의미인가요?"라고 물어오는 비신자 친구가 있다면 어떻게 대답하겠습니까?

교회 성장 DNA

> 당신이 다니는 교회에 회개와 믿음을 적당히 넘어가거나 회개와 믿음이 아닌 다른 요소에 만족하려는 유혹이 있습니까? 있다면 어떤 종류의 유혹입니까?

불가피한 위험을 감수하라
하나님께서 모든 것을 주관하신다

07

"보라 이제 나는 성령에 매여 예루살렘으로 가는데
거기서 무슨 일을 당할는지 알지 못하노라"(행 20:22).

"위험 부담은 당연한 것입니다!"

저명한 미국의 목회자 존 파이퍼 특유의 열정에 찬 압도적인 목소리가 시작부터 천둥처럼 울렸다. 그가 런던복음사역연맹(Evangelical Ministries Assembly in London)이 모인 자리에서 강단 위에 섰을 때의 일이다. 그는 곧바로 더욱 강조하여 한 번 더 "위험 부담은 당연한 것입니다!"라고 크게 소리쳤다. 그리고 하나님을 신뢰했기 때문에 기꺼이 위기를 감수했던 성경 인물들의 이야기를 이어 갔다.

사도행전 20장 22절 역시 존 파이퍼의 말을 잘 설명해 준다. 바울이 예루살렘으로 갔을 때 그는 앞으로 자신에게 무슨 일이 벌어질지 전혀 알지 못했다.

바울이 성급한 사람이어서 그런 것이 아니다. 우리도 때때로 미래에 무슨 일이 일어날지 모르는 상황을 마주하지 않는가.

모든 민족을 제자 삼으라는 그리스도의 대위임령에 순종하는 삶을 살다 보면 때로는 그저 하나님만 믿고 부딪혀야 할 때가 있다. 모든 길에 완전한 안전이 보장되는 경우는 결코 오지 않을 것이다. 그럴 때를 기다리며 멈춰 있기보다는 우리를 사랑하시는 하늘 아버지를 신뢰해야 한다. 그분이 모든 것을 다스리시기 때문이다.

교회를 개척하면서 우리는 때로 위험을 감수해야 했다. 우리가 조심스럽지 못했다거나, 사역에 실수가 있었다거나, 하나님에 대한 불신앙 때문이 아니다. 하나님이 우리를 돌보고 계신다는 사실을 확신했기 때문이다. 물론 할 수 있는 한 위험을 최소화하려 애썼다. 그럼에도 우리 생각대로 일이 진행될 것이라고는 아무도 보장할 수 없었다.

간혹 신중한 사람들은 개척 멤버가 너무 적은 것과 재정 지원이 불분명한 것을 지적하기도 한다. 때로는 건물이나 장소가 변변치 않거나 리더십이 시원치 않을 때도 있다. 그런 지적이 옳다는 것은 우리도 알고 있다. 어쩌면 정말로 실패할 수도 있을 것이다. 그럼에도 우리는 시도하는 것을 두려워하지 않으며 기꺼이 부딪혀 본다.

성공을 보장할 수는 없다. 우리는 그저 제자 삼으라는 예수님의 말씀을 교회 개척으로 순종하려는 것이다. 그리고 사랑의 아버지께서 주권자이시므로 우리의 연약함을 들어 그분의 영광을 위해 사용하실 것을 믿을 뿐이다. 더불어 우리가 완전히 실패할지라도 다시 일으켜 세우신다는 사실을 신뢰하는 것뿐이다.

하나님의 주권에 대한 성경의 교리는 단순히 구원이 어떻게 작용하는지 말해 주는 학문적 논증 따위가 아니다. 이 진리를 신뢰하는 것은 곧 모든 것을 주관하시는 하나님을 신뢰하는 것이다. 그렇기 때문에 이는 어떠한 사역 현장에서도 담대함을 갖게 하고, 기꺼이 위험을 감수하게 한다. 하나님의 전능하심에 대해 조금 더 살펴보자.

하나님께서 모든 것을 다스리신다

감옥 안에서 바울은 에베소 교인들을 안심시키기 위해 하나님은 "모든 일을 그의 뜻의 결정대로 일하시는"(엡 1:11) 분이라고 말한다.

'열린 신학자들'(open theologians, 하나님도 미래의 일은 알지 못하시고 인간처럼 미지의 세계를 열어 가시므로, 미래는 인간들에게 달려 있다고 주장하는 자들역주)의 거짓말과 달리, 하나님은 어떠한 것도 우연으로 남겨 두지 않으신다. 그분은 하나님을 사랑하는 자, 곧 하나님이 예수님을 닮아 가도록 정하신 자들에게는(우리의 죄와 사탄의 공격과 이유 모르는 고난을 포함하여) 모든 것이 합력하여 선을 이루게 하신다(롬 8:28-29).

심지어 우리가 그 계획에 대해 아무것도 모를지라도 하나님은 언제나 그분의 계획을 성취하신다. 우리에게 있는 어떤 위험도 하나님께는 아무런 제약이 되지 않기 때문이다.

그분이 모든 것을 온전히 주관하시기에 굳이 우리가 하나님처럼 되려고 애쓰지 않아도 된다. 당장 무슨 일이 닥쳐올지 알 수 없어도, 미래를 알려고 애쓰지 않아도 괜찮고, 오히려 안심할 수 있다. 우리의 하늘 아버지께서 다 알고 계시기 때문이다. 하나님을 믿는 믿음으로 산다는 것은 바로 이런 것이다.

하나님께서 예정하시고, 공급하시고, 지키신다

전 우주적인 주권의 일부로서 하나님은 우리 개개인의 삶을 다스리신다. 이 다스림은 구원을 위한 사랑의 예정으로부터 시작한다. 이에 대해 바울은 다음과 같이 썼다.

곧 창세전에 그리스도 안에서 우리를 택하사 우리로 사랑 안에서 그 앞에 거룩하고 흠이 없게 하시려고 그 기쁘신 뜻대로 우리를 예정하사 예수 그리스도로 말미암아 자기의 아들들이 되게 하셨으니(엡 1:4-5).

하나님의 '선택'(모든 죄인을 택하는 것이 아닌 하나님의 뜻대로 택하심)과 '예정'(미래를 결정하심)은 사람들이 생각하는 것처럼 심술궂거나 잔혹하지 않다(요한복음 6장 37-40절에서 예수님은 이 교리를 명확하게 가르치셨다).

어떤 사람들은 예정을 믿는다면 결국 전도를 소홀히 하게 되고(우리 없이도 하나님은 어떻게든 사람들을 구원하실 것이므로), 거룩함을 경시하게 되며(굳이 거룩하게 살지 않아도 결국 구원받을 것이므로), 겸손을 대수롭지 않게 여길 것이라고(선택받았다는 우월감 때문에) 오해한다.

그러나 사실은 이와 정반대다. 즉 선택과 예정은 우리가 더욱 전도하게 만든다. 하나님이 우리의 전도를 통해 그분이 선택하시고 예정하신 사람들을 반드시 구원하신다는 사실을 알기 때문이다(반대로 하나님께서 사람들을 구원하시기로 선택하지 않으셨다면 전도할 어떤 이유도 찾을 수 없다). 더욱이 선택과 예정은 우리를 더욱 거룩에 힘쓰게 한다. 마치 고귀한 가문에 입양

된 행복한 아이들처럼 새아버지를 기쁘시게 하기 위해 더욱 노력할 것이기 때문이다. 또 선택과 예정은 우리가 잘나서가 아니라 오직 하나님의 은혜로 구원받았다는 사실을 깨닫게 하여 우리 안의 교만을 잠재운다.

따라서 우리는 복음 사역 가운데 피할 수 없는 위험을 기꺼이 감수할 수 있다. 성공에 대한 보장 없이도 교회를 개척할 수 있다. 하나님이 온 세계에 흩어져 있는 그분의 백성들을 찾기 위하여 그분의 자녀들을 사용하시기 때문이다. 하나님은 우리의 약함을 크게 사용하셔서 선택한 자들을 구원하신다(고후 4:7). 따라서 우리의 계획이나 교회가 반드시 완벽할 필요는 없다. 하나님께서 그분의 주권으로 선택하신 백성들을 구하시기 때문에 우리는 피할 수 없는 위험을 기꺼이 받아들일 수 있다.

또한 하나님은 그분의 주권으로 우리에게 필요한 것을 사랑으로 매일 공급하신다. 하늘에 계신 우리 아버지는 우리에게 좋은 것 주시기를 기뻐하신다. 예수님은 이렇게 말씀하셨다.

> 염려하지 말라. … 너희가 어찌 … 염려하느냐? … 너희 하늘 아버지께서 이 모든 것이 너희에게 있어야 할 줄을 아시느니라. 그런즉 너희는 먼저 그의 나라와 그의 의를 구하라. 그리하면 이 모든 것을 너희에게 더하시리라. 그러므로 내일 일을 위하여 염려하지 말라(마 6:25-34).

이는 예수님이 아무 계획도 없으셔서 게으르게 살아도 된다는 핑계의 말이 아니다. 믿음으로 사는 삶은 리더들과 사람들을 세우지도 않고, 필요한 재정이 있는데도 손 놓고 있는 삶과는 거리가 멀다(행 20:34 참조). 우리를 사랑하시는 아버지의 섭리를 믿는 삶은 성실하게 일하고, 그 결과로 우리에게 가장 필요한 것 주심을 신뢰하는 것이다. 실제로 하나님은 언제나 그러셨다! 하늘 아버지께서는 그분의 일을 하시는 가운데 우리에게 필요한 모든 것을 신실하게 공급하신다. 그러므로 다가오는 위험을 두려워할 필요가 전혀 없다.

하나님께서 다스리신다는 것에는 그분의 자녀들이 천국에 이르기까지 신실하게 사랑으로 지키신다는 사실도 포함된다.

예수님은 그분께 오는 자 누구도 결코 잃지 않을 것이라고 약속하셨다. 성부 하나님에 의해 창세전에 선택되고, 성자 하나님이 십자가에서 대신 죽으시고, 내주하시는 성령 하나님으로 인 쳐지고 보증된 사람을 하나님께서 버리신다는 것이 어찌 말이 되겠는가?

하나님은 우리가 끝까지 견딜 수 있도록 때로는 시험을 주시지만, 능력 또한 주시면서 우리를 항상 지키신다. 바울은 이렇게 기록했다. "그러므로 나의 사랑하는 자들아 너희가 나 있을 때뿐 아니라 더욱 지금 나 없을 때에도 항상 복종하여 두렵고 떨림으로 너희 구원을 이루라 너희 안에서 행하시는 이는 하나님이시니 자기의 기쁘신 뜻을 위하여 너희에게 소원을 두고 행하게 하시나니"(빌 2:12-13).

하나님은 우리를 지키시며 끝까지 견디게 하신다. 우리가 기르는 화초들이 내일도 자랄지는 확신할 수 없지만, 하나님께서 우리가 끝까지 견디게 하신다는 것은 확신할 수 있다.

하나님의 사랑과 지키심으로 인해 우리는 피할 수 없는 위험을 기꺼이 감수하면서 끝까지 도전할 수 있다! 하나님이 모르시거나 허락하지 않으시는 일은 결코 일어나지 않기 때문이다. 하나님은 지금도 우리를 지키시는 분이다.

따라서 하나님의 다스리심은 우리로 하여금 호시탐탐 기회를 찾으며 모험을 즐기는 사람이 되게 한다. 우리는 인간에 불과하기에 미래의 모든 것을 다 계획할 수 없다. 그러나 삶의 모든 순간마다 하나님께서 다스리시는 손길을 깨닫기 원한다.

마태복음에 나오는 달란트 비유(마 25:14-30)에서 예수님은 자신을 어떤 주인에 비유하신다. 이 주인은 자신의 세 종을 믿고 그들에게 자기 소유를 맡긴 후 먼 타국으로 떠났다. 주인이 돌아온 후, 두 종에게 "잘하였도다 착하고 충성된 종아"(마 25:21)라고 칭찬하였다. 그들은 자기가 받은 것을 가지고 최선을 다하였기 때문이다. 그와 달리 주인에게 받은 것을 그저 묵혀 놓았던 세 번째 종은 호된 꾸지람을 들었다. 그는 주인에게 받은 것으로 뭔가를 만들어 내려는 어떤 시도도 하지 않았던 것이다. 즉 그는 어떠한 위험도 감수하려고 하지 않았다. 주인은 그것에 대해 크게 분노했다.

여기서 예수님은 훗날 수많은 사람이 받을 엄청난 충격에 대해 경고하신다. 예수님을 따른다고 했던 사람들이 실제로는 예수님을 위해서 어떤 시도도 하지 않은 것이 밝혀지는 순간, 그들은 단 한 번도 예수님의 제자였던 적이 없었다는 사실이 드러날 것이다. 진정한 제자라면 주인의 복음 사역에 지대한 관심을 두고 그것을 위해서라면 어떤 위험도 받아들일 것이다. 참된 제자는 안전하게 자기 안주를 꿈꾸는 자가 아닌, 주인을 사랑하는 자다. 그러한 사람은 자기 주인을 위해 도전을 멈추지 않는다.

위험 부담은 당연한 것이다

코미션은 내일 일을 예측할 수 없을지라도 도전을 멈추지 않으려 한다. 언젠가 코미션에서 함께 사역하는 한 스태프의 신실한 아내가 내게 코미션의 향후 10년 계획을 물은 적이 있다. 그 질문 앞에서 나는 리더로서의 개인적인 부족함과 준비되지 못함을 절감하였고, 이를 솔직히 인정했다. "사실 10년 계획을 세우지 못했습니다."

하지만 시절은 금세 지나갔고, 현재 우리 코미션 운동은 꾸준히 성장 중이다. 사역도 크게 확장되었다. 이뿐만이 아니다. 60개의 교회를 개척한다는 10년 계획도 세웠고, 리더십 팀과 전략과 자원도 갖추고 있다. 그러나 이 모든 것에도 불구하고 우리는 여전히 앞으로 무슨 일이 일어날지 전혀 알지 못한다. 여전히 무수히 많은 위험을 감수하고 있으며, 어쩌면 실패할 수도 있을 것이다. 그럼에도 우리는 계속 도전할 것이다! 결코 머뭇거리다가 사라져 버리는 일은 없을 것이다!

사도 바울처럼 우리도 무슨 일이 일어날지 전혀 알 수 없다. 그러나 하나님께서 다스리시기 때문에 위험 부담은 아무런 장애가 되지 못한다!

질문과 적용

1. 하나님께서 삶의 모든 영역을 다스리신다고 생각하면 어떤 느낌이 듭니까?

2. 마지막으로 하나님을 위해 위험을 감수했던 것이 언제입니까? 위험을 감수하지 않았다면 어떠한 두려움 때문에 위험을 감수하지 않았는지 구체적으로 이야기해 보십시오.

3. 하나님께서 통치하시고 우리의 모든 필요를 공급하신다는 것을 확실히 믿는다면 우리 삶이 어떻게 달라지겠습니까?

교회 성장
DNA

> 교회와 개인의 사역에서 마주하는 불가피한 위험을 피해 가고 싶은 마음이 있습니까? 하나님께서 다스리신다는 것을 온전히 이해하는 것이 그러한 마음에 어떤 영향을 줍니까?

성령님을 즐거워하라
성령님이 우리 가운데에서 능력으로 일하신다

"오직 성령이 각 성에서 내게 증언하여"(행 20:23).

코미션에 소속된 모든 교회는 삼위일체의 제3위이신 성령님의 사역을 인정한다. 쉽게 말해 성부 하나님이 우리의 구원을 계획하시고, 성자 예수님이 우리의 구원을 성취하시며, 성령 하나님은 우리의 구원을 우리의 삶 속에 적용하신다는 사실을 믿는다.

제임스 패커(James Innell Packer) 교수는 "그가 내 영광을 나타내리니"(요 16:14)라는 예수님의 말씀 속에 담긴 성령님의 핵심 사역을 성령의 '조명하심'으로 설명한다.

언젠가 터키 이스탄불에 있는 '블루 모스크'(술탄아흐메트 모스크)에서 소리와 빛을 이용한 공연을 본 적이 있다. 공연이 진행되는 동안 화려하고 멋진 조명이 웅장한 중앙의 돔(반구형 지붕)과 여섯 개의 뾰족탑, 그리고 여덟 개의 작은 돔을 비추었다. 그 조명의 목적은 조명 자체가 관객의 시선을 독차지하는 것이 아니라, 사람들로 하여금 그 건물의 위용을 주목하게 하는 것이었다. 이와 같이 성령 하나님의 사역은 우리의 관심을 예수

08 성령님을 즐거워하라

님의 아름다우심으로 향하게 한다. 따라서 예수님을 영화롭게 하는 모든 교회와 성도들은 성령으로 충만하다고 할 수 있다.

코미션에 속한 런던의 교회들에 대해 잠시 이야기해 보겠다. 우리는 성경 밖에서 오는 예언적 계시를 인정하지 않기 때문에 '은사주의'(charismatic)를 따르지 않는다. 오히려 진리의 성령님께서 사도들을 모든 진리로 인도하셨고, 그리하여 우리에게 필요한 모든 것을 하나님의 말씀에서 알게 하셨다고 믿는다. 어둠 속을 뚫고 들어오는 유일한 빛줄기로 우리가 "모든 선한 일을 행할 능력을 갖추게"(딤후 3:17) 하는 바로 그 성경 말씀 말이다(요 16:13; 벧후 1:19).

동시에 우리는 우리 자신을 '은사 중단론자'(cessationist)라고 부르지도 않는다. 왜냐하면 우리는 하나님께서 계속 자기 백성에게 은혜의 선물을 주셔서 그들이 다른 사람들을 사랑으로 섬기게 하신다는 성경의 가르침을 믿기 때문이다. 즉 우리는 우리 개개인의 삶과 교회 안에서 역사하시고 섬기게 하시는 성령님의 사역을 바라고 찬양한다.

그렇다면 성령님의 진정한 사역은 과연 무엇일까?

성령님의 사역을 바로 이해하기 위해서는 성경 전체의 가르침을 숙고해 보아야 한다. 특정 본문에 치우치는 것은 왜곡된 이해와 불필요한 분열을 초래하기 때문이다.

물론 성령님의 사역에 관한 부차적인 쟁점에는 복음주의 진영 안에서도 다양한 견해가 존재한다. 그러나 대다수의 복음주의자는 다음에 언급된 성령님의 은혜를 기꺼이 인정할 것이다.

성령님의 창조, 회복, 리더십 사역

구약성경에서 하나님은 아브라함에게 하신 복된 약속의 근거 위에서 성령님을 통해 백성들 속에 믿음을 창조하셨다. 물론 예수님이 이 땅에 오시기 전인 구약 시대에는 성령님이 신자들 안에 내주하시지 않았다. 그럼에도 성령님은 구약 시대 가운데 세 가지 부분에서 영광스럽게 역사하셨다.

1. 창조 사역

시편 기자는 창조 역사에서 하나님의 성령과 말씀의 합동 사역을 다음과 같이 묘사한다. "여호와의 말씀으로 하늘이 지음이 되었으며 … 그의 입 기운으로 이루었도다"(시 33:6).

마치 우리가 말할 때 우리의 숨결이 말하는 바를 전달하는 것처럼, 하나님의 "입 기운"인 숨결(하나님의 성령)은 하나님의 말씀으로 천지가 창조되도록 역사하셨다. 또한 이것은 우리가 그리스도인이 될 때 일어나는 새 창조, 즉 주님 안에서 새롭게 거듭날 때에도 동일하게 적용된다. 다시 말해 하나님의 성령은 말씀으로 우주를 창조하신 것과 동일한 방식으로 지금도 자기 백성들을 말씀으로 새롭게 창조하신다. 니고데모를 향한 "성령으로 나지 아니하면"(요 3:5)이라는 예수님의 말씀과 "너희가 거듭난 것은 … 살아 있고 항상 있는 하나님의 말씀으로 되었느니라"(벧전 1:23)라는 베드로의 설명처럼 말이다.

2. 회복 사역

구약성경은 하나님의 거룩한 영이신 성령님이 하나님의 백성들을 회복시키실 것을 약속한다. 예를 들면 "또 새 영을 너희 속에 두고 새 마음을 너희에게 주되"(겔 36:26)와 같은 말씀이다. 하나님은 에스겔에게 이스라엘의 영적 죽음을 상징하는 마른 뼈가 가득한 골짜기의 환상을 보여 주셨다. 오늘날 우리가 살아가는 현실 역시 사실상 마른 뼈가 가득한 골짜기와 같다. 서울, 시드니, 도쿄, 카이로, 런던과 같은 도시들이 아무리 사회적으로 풍요롭다 해도, 영적으로는 많은 영적 사망자들이 가득한 죽음의 골짜기와 같다. 그러나 하나님은 이러한 죽음의 골짜기에 서 있는 에스겔에게 하나님의 말씀을 선포하게 하셨다. 그리고 생기(하나님의 성령)를 위해 기도할 것을 명령하셨다. 그러자 하나님의 말씀과 성령님이 역사하심으로 말미암아 마른 뼈들이 생기를 얻게 되었다. 이러한 환상은 현재 우리가 있는 시대를 묘사해 준다. 성령의 회복시키시는 능력이 복음을 통해 마른 뼈처럼 죽어 있던 이들을 다시 살리시는 것이다. 그래서 모든 교회에는 다시 생명을 얻어 살아난 뼈들로 가득하다!

3. 리더십 사역

성령님은 구약 시대에 하나님의 말씀을 대언할 선지자, 백성을 다스릴 왕, 이스라엘 백성들의 구원을 위한 사사, 그리고 하나님을 위한 예술가들을 세우셨다. 그들의 모든 삶은 약속하신 메시아를 가리켰다. 예를 들면 "그의 위에 여호와의 영 곧 지혜와 총명의 … 영이 강림하시리니"(사 11:2)라는 말씀은 예수님께서 오심으로 성취되었다. "성령이 … 그의 위에 강림하시더니 … 예수께서 성령의 충만함을 입어 … 광야에서 … 성령에게 이끌리시며 … 예수께서 성령의 능력으로 갈릴리에 돌아가시니"(눅 3-4장). 즉 예수님은 구약에 약속된 것처럼 그분의 인성 안에서 모든 사역을 감당하시도록 성령으로 세워지셨다(물론 예수님은 신성을 가지신 분으로 그 누구의 도움도 필요하지 않으셨다). 구약과 달리 신약은 성령님의 다양한 사역을 그리고 있다. 그리고 이 모든 것은 결국 예수님과 연관되어 있다.

성령님은 그리스도를 가르치신다

예수님은 마지막 만찬 자리에서 제자들에게 성령에 대해 가르치셨다. "내가 아버지께 구하겠으니 그가 또 다른 보혜사를 너희에게 주사 … 그는 진리의 영이라. … 그가 너희에게 모든 것을 가르치고 내가 너희에게 말한 모든 것을 생각나게 하리라"(요 14장). 따라서 성령님은 사도들의 신약 저술을 통해 예수님의 '중보하시는'(가르치시는) 사역을 지속하신다. 예수님이 가르치신 것을 성령님이 그들에게 "생각나게 하리라"고 말씀하신 것에 주목하라. 이 말씀은 예수님과 그 자리에 함께 있었던 자들에게 하신 것이다. 이어서 예수님은 이렇게 말씀하셨다. "그가 와서 죄에 대하여, 의에 대하여, 심판에 대하여 세상을 책망하시리라"(요 16:8). 이는 성령님이 말씀을 통해 예수님을 증언하신다는 것을 말해 준다. 성령님은 '우리의 의로는 심판의 날을 견딜 수 없다'는 것과 '구원에 이르는 의는 오직 그리스도 안에서만 주어진다'는 것을 말씀 안에서 깨닫게 하신다.

성령님은 그리스도를 예언하게 하신다

사도행전 2장은 구약성경과 예수님에 의해 약속된 바, 하나님께서 성령을 부으심으로 제자들이 새롭게 변화된 사건을 그리고 있다. 성령을 받은 제자들은 아브라함에게 약속되었던 것처럼 여러 민족의 언어로 예수님에 의한 "하나님의 큰일"(행 2:11, 그리스도의 구원 사역, 즉 예수님의 초자연적인 탄생, 고난과 십자가 대속의 죽음, 의의 부활, 그리고 승천 사건-역주)을 담대히 선포하기 시작했다. 베드로는 성령의 능력으로 사람들에게 복음적인 설교를 했다. 이 설교에서 베드로는 구약을 자세히 해설하며 예수님이 약속된 메시아임을 보여 주었다. 특히 요엘서를 인용하면서 이제는 성령님께서 하나님의 모든 백성이 "하나님의 큰일"을 예언하고 선포할 수 있게 하신다고 설명했다("예수의 증언은 예언의 영이라"[계 19:10]).

성령님은 그리스도 안에서 새 생명을 주신다

로마서 8장은 성령님 안에서 우리가 얻게 되는 새 생명을 매우 장엄하게 그려 낸다. 여기서 사도 바울은 성령님이 우리에게 다음과 같은 것들을 주신다고 선언한다.

- 새로운 통치: 말씀을 통해 우리의 생각은 "영의 생각"(롬 8:6)인 성령님의 통치를 받게 된다.

- 새로운 생명: 예수님을 죽은 자 가운데서 살리신 성령님이 우리의 영을 새로운 생명으로 살리시고, 또한 마지막 날에 우리의 죽을 몸도 살리실 것이다. "영은 … 살아 있는 것이니라 … 그의 영으로 말미암아 너희 죽을 몸도 살리시리라"(롬 8:10-11).
- 새로운 싸움: 성령님은 우리에게 힘을 주셔서 죄악된 본성을 죽이거나 맞서 싸우게 하신다. 이는 성령님께 인도함받는 것을 가리킨다. "영으로써 몸의 행실을 죽이면 살리니 무릇 하나님의 영으로 인도함을 받는 사람은 곧 하나님의 아들이라"(롬 8:13-14).
- 새로운 아버지: 하나님의 아들의 영은 우리가 복음을 확신하게 만든다. 예수님 안에서 믿음으로 말미암아 우리는 하나님의 자녀로서 사랑이 가득하신 하늘 아버지께 기도할 수 있는 자격을 부여받았다. "너희는 … 양자의 영을 받았으므로 우리가 아빠 아버지라고 부르짖느니라. 성령이 친히 우리의 영과 더불어 우리가 하나님의 자녀인 것을 증언하시나니"(롬 8:15-17).

성령님은 그리스도의 임재 안에서 우리를 인 치고 보증하신다

바울은 에베소 교인들을 다음과 같이 안심시킨다.

"너희도 … 그 안에서 또한 믿어 약속의 성령으로 인치심을 받았으니 이는 우리 기업의 보증이 되사"(엡 1:13-14).

성령님의 임재는 우리의 구원에 대한 인치심이자 보장이라 할 수 있다. 왜냐하면 영원하신 하나님이 우리 안에 영원히 거하시는 것만큼 확실한 증거가 없기 때문이다. 성령님의 내주하심은 우리에게 있는 "보증"(엡 1:14), 곧 장차 얻게 될 기업을 미리 맛보게 하시는 것이다. 그 기업은 다름 아닌 그분의 임재 안에 사는 것이다. 즉 성령님은 "성령의 전"(고전 6:19)인 개인과 모든 교회 공동체에 내주하심으로써(고전 3:16-17; 고후 6:16) 천국 잔치의 첫 번째 코스로 우리를 축복해 주신다.

성령의 열매는 예수님을 닮아 가는 것이다

바울은 거룩함이 '성령을 따라 행하는 것'으로부터 나온다고 설명한다(갈 5:13-18). 이는 특별한 계시를 받거나 기적적인 능력을 발휘하는 것을 말하지 않는다.

'성령을 따라 행하는 것'이란 다른 사람을 사랑으로 섬기려는 의지와 능력을 가리킨다. 물론 우리는 천국에 이르기까지 지속적으로 죄악된 본성을 지니며 살아갈 것이므로 이 세상을 살아가는 동안에는 결코 완벽해질 수 없다.

하지만 성령님은 우리 자신의 이기심과 싸워 나갈 수 있는 내면의 힘을 우리 안에 창조하시며, 날마다 우리를 '성령의 열매'를 맺어 나가는 거룩의 자리로 초청하신다. 즉 성령님은 사랑과 희락과 화평과 오래 참음과 자비와 양선과 충성과 온유와 절제라는 아홉 가지 성령의 열매를 맺게 하시며, 우리가 점차 예수님을 아름답게 닮아 가도록 인도하신다(갈 5:22-23).

성령님께서 우리에게 모든 은사를 주신다

신약성경은 모든 그리스도의 자녀가 믿음 안에서 서로를 세우며 교회를 섬기도록 그리스도께서 '은사'(charistmata)를 주신다는 사실을 기쁘게 노래한다(고전 12-14장). 눈에 잘 띄는 은사에서부터 그렇지 않은 은사에 이르기까지 그 종류는 무척 다양하다. 모든 사람은 각각의 은사를 받았다. 다만 하나님에 뜻에 따라 은사의 양의 차이, 혹은 은사들을 잘 개발해 나가거나 잃어버리는 차이가 있을 수 있다.

대부분의 은사는 그리스도인이라면 누구나 할 수 있는 격려나 도움 같은 일을 훨씬 탁월하게 해낼 수 있는 능력이다. 우리는 모두 교회에 필요한 존재임을 기억해야 한다. 우리가 은사를 많이 받았든 적게 받았든, 그 은사가 화려한 것이든 평범한 것이든 상관없이 말이다.

우리는 그리스도라는 한 몸에 붙어 있는 지체들이며, 각 지체는 몸을 위해 기여할 수 있는 특별하고 상호보완적인 은사를 가지고 있다. 따라서 교회 안의 그 누구도 자신을 '필요 없는 존재'라거나 '더 나은 존재'라고 생각해서는 안 된다. 우리는 모두 다르다. 마치 오케스트라의 단원들처럼 아름다운 음악을 연주하기 위해서는 한 사람도 빠짐없이 모두 꼭 필요하고 하나같이 소중하다. 이러한 점에서 바울은 '방언'이라는 은사에 과도하게 취해 있는 고린도 성도들에게 편지를 보냈다. 그리고 통역 없는 방언은 개인적인 유익에 그치기 때문에 교회 안에서의 방언은 예언의 은사보다 가치가 덜하다고 말하기도 했다.

예언은 다른 사람들의 신앙을 성숙하게 하기 때문에 더욱 가치 있는 은사다. 고린도교회가 받은 예언들은 분명히 하나님으로부터 주어진 계시였다(이는 분명 말씀에 대한 깨달음이었을 것이다). 그래서 예언의 은사가 성경 외의 또 다른 계시를 받는 것을 의미하지는 않는다. 오히려 예언의 은사는 성경에 대한 새로운 깨달음을 얻도록 하나님께서 주시는 능력이라 할 수 있다. 예컨대 우리가 매주 성경공부 시간이나 주일 설교 시간에 경험하는 깨달음 같은 것이다.

우리는 하나님의 말씀에 대한 이러한 예언적 깨달음을 경시하지 말고, 가치 있고 중요하게 여겨야 한다. 고린도전서 14장이 주는 가장 큰 교훈은 하나님께서 이미 우리에게 예언과 계시로 주시고 완성시키신 성경을 넘어 또 다른 계시를 구하지 말라는 것이다(이는 바랄 수조차 없는 부분이다). 그리고 말씀을 새롭게 깨닫게 해 준다는 의미의 예언적인 은사에 만족하고 기뻐하라는 것이다(이는 바랄 수 있는 부분이다).

이 모든 성령님의 사역은 분명히 존재한다. 우리는 그리스도의 말씀이 우리 가운데 풍성히 거하여(골 3:16) 그리스도에 관한 진리의 말씀을 이해할 수 있다. 또한 그리스도의 복음을 예언하고, 그리스도 안에서의 새 생명을 경험하며, 그리스도의 임재의 보증을 누리고, 그리스도의 거룩하심을 닮아 자라 나간다. 그리고 그리스도의 몸 된 교회를 애정 가득히 섬기게 하시는 성령 충만함을 사모한다(엡 5:18).

영적으로 마른 뼈와 같았던 우리는 말씀을 통해 역사하시는 성령님의 능력으로 생명을 공급받아 그리스도를 알게 되고 하나님의 백성들도 섬기게 되었다. 우리 삶과 교회 가운데 성령님께서 영광스러운 일들을 행하신다! 이 놀라우신 하나님을 찬양하자!

질문과 적용

1. 개인이나 교회가 '성령 충만함'을 받는다는 의미는 무엇입니까?

2. 당신이 속한 교회에서는 성령님의 사역 중에서 어떠한 부분이 가장 잘 드러납니까?

3. 성령님의 사역 중 당신이 가장 간과했던 부분은 무엇입니까?

교회 성장
DNA

> 성령님의 사역 중에서 당신이 속한 교회는 어떠한 부분을 제대로 이해하며 잘 누리고 있습니까? 또 어떠한 부분을 제대로 이해하지 못하고, 못 누리고 있다고 생각합니까? 그와 같이 부족한 부분을 어떻게 바로잡을 수 있을지 생각해 봅시다.

복음을 선포하라

복음은 하나님의 은혜를 드러낸다

09

"내가 달려갈 길과 주 예수께 받은 사명 곧 하나님의
은혜의 복음을 증언하는 일을 마치려 함에는
나의 생명조차 조금도 귀한 것으로 여기지 아니하노라"(행 20:24).

어떤 사람은 자기 자녀에 대해 알리고, 어떤 사람은 좋아하는 축구팀을 알리고, 또 어떤 사람들은 사업이나 자기 자신에 대해 널리 알리고 다니는 데 총력을 기울인다. 그러나 바울은 철저하게 "하나님의 은혜의 복음"을 널리 알리는 일에 헌신했다. 많은 사람이 그저 그리스도인이 되는 것과 관련된 온갖 좋은 것이 다 '복음'이라고 생각한다. 그러나 성경은 그렇게 말하지 않는다! 복음은 "구원을 주시는 하나님의 능력"(롬 1:16)이다. 그렇기 때문에 우리 모두 구원받기 위해서, 그리고 가족, 친구, 동료들에게 복음을 전하여 그들이 구원에 이르게 하기 위해서 성경이 정의하는 복음이 진정 무엇인지 알아야 한다. '복음'이란 말은 '좋은 소식'이라는 뜻이다. 이 단어는 신약의 로마 제국이 통치하던 시기에 황제의 탄생이나 전투의 승리처럼 공적으로 매우 중요한 소식을 가리킬 때 쓰던 표현이었다. 이에 비추어 봤을 때 성경에 점진적으로 드러나는 바울의 '하나님의 복음'이라는 말은 당시 상황에서 매우 충격적인 선언이었다(롬 1:1-17).

구약에 나타난 복음

성경에 나타난 복음의 가장 이른 선언 중 하나는 하나님께서 아브라함에게 하신, 모든 민족에게 축복을 가져다줄 땅과 민족과 복에 대한 약속이다(창 12:1-3). 그래서 이스라엘의 역사를 보면 곧 하나님 나라에 대한 초상을 엿볼 수 있다. 이스라엘의 역사를 통해 장차 온 땅에 미치는 인류 역사상 가장 큰 축복이 오게 되는 것이다.

또한 하나님은 이사야 선지자의 거듭되는 예언을 통해 다시금 '복음'을 선언하셨다. 이사야는 하나님 나라의 왕에 대해 예언했다. 그분은 장차 오셔서 다스리실 것이다. 뿐만 아니라 하나님을 떠나 포로가 된 자기 백성들을 자유하게 하실 것이고, 그들을 자신의 나라로 이끄실 것이다. 놀랍게도 그 구원자는 고난받는 종으로 오실 것이고, 우리의 죗값을 치르기 위해 죽으실 것이며, 결국에는 우리를 의롭다 하시기 위해 다시 살아나실 것이다(사 40, 52-53, 61장).

하나님은 역사 속에서 각기 다른 역할을 감당했던 수많은 사사와 제사장, 왕, 그리고 통치자들을 주셔서 하나님이 보내시는 이 왕을 가리키게 하셨다. 또 많은 선지자를 보내셔서 가장 영광스러운 표현으로 그분을 묘사하게 하셨다. 그런 다음 역사의 무대 위에 목수의 '아들'이 등장하는 극적인 순간이 오기까지 수백 년의 침묵 기간이 있었다. 마침내 이 땅에 오신 그분은 '하나님의 좋은 소식'(복음)을 선포하시며 이렇게 말씀하셨다. "때가 찼고 하나님의 나라가 가까이 왔으니 회개하고 복음을 믿으라"(막 1:15).

신약에 나타난 복음

신약성경을 통해 예수님이 바로 우리가 오랫동안 기다려 온 왕이요, 우리를 구원하실 분임이 밝혀지면서 복음의 신비는 만천하에 밝히 드러났다. 복음은 하나의 법칙이 아니라 예수님에 대한 것이기 때문에 예수님이 다양한 모습으로 표현될 수 있다. 그중에서도 가장 영광스럽게 나타나는 두 가지 주제가 있다. 바로 예수님이 우리의 '주님'(그분의 정체성)이라는 것과 우리의 '구원자'(그분이 하신 일)시라는 것이다.

예수님은 우리의 주님이시다!

로마서에서 바울은 왜 모든 민족이 복음을 들어야 하는지 보여 주기 위해 하나님의 복음을 설명해 나간다. 여기서 바울은 복음이 '그분의 아들에 관한 것'이라고 말한다. 따라서 만약 예수님에 대해 말하지 않는다면 그것은 복음이 아니다.

우리의 경험, 교회, 죄, 그리고 성부 하나님과 성령님에 대해 이야기할 때 우리는 위대한 성경의 진리를 논할 수 있다. 하지만 그것이 우리를 구원하는 복음에 대해 말하는 것은 아니다.

"하나님이 세상을 이처럼 사랑하사"(요 3:16)라는 유명한 성경말씀조차 복음이 아니라 복음의 '근거'일 뿐이다. "독생자를 주셨으니"가 바로 '복음'이다.

또한 "이는 그를 믿는 자마다 멸망하지 않고 영생을 얻게 하려 하심이라"는 '복음의 결과'다. 이것을 아는 것이 중요한 이유는 우리가 그저 하나님의 사랑이나 신앙에 대해 말하며 그러한 것이 사람들을 구원하는 진리라고 착각할 수 있기 때문이다. 구원을 위해서 우리는 하나님의 희생적 선물인 그분의 아들에 대해 말해야 한다!

바울은 종종 "우리 주 예수 그리스도"라는 말로 하나님의 아들에 관한 복음을 요약했다(행 2:36; 롬 1:4; 고후 4:5; 골 2:6). 이는 단순히 그분의 성이나 이름, 혹은 별명을 가리키는 말이 아니었다.

- "주"는 신성을 지니시고 다시 사신 모든 이와 만물의 통치자를 의미한다.
- "예수"는 역사에 나오는 '십자가에 달린 갈릴리인'을 말한다.
- "그리스도"는 구약의 선지자들로부터 예언된 '구원자로 선택받으신 왕'을 의미한다.

하나님의 복음은 예수님이 얼마나 놀라운 분인지 말해 준다. 곧 예수님은 우리 주님이자 그리스도시다. 이런 사실은 그분이 어떤 일들을 행하셨는지에 대해 말해 준다.

예수님은 우리의 구원자이시다!

복음은 그리스도의 사역 중 다음의 네 가지를 기쁘게 찬양한다.

1. 왕으로 오신 그리스도(막 1:14-15)

마가복음은 "메시아이자 하나님의 아들(신적인 왕)이신 예수님에 관한 좋은 소식(복음)"이라는 제목을 가지고 있다. 마가는 다음과 같이 기록한다. "예수께서 갈릴리에 오셔서 하나님의 복음을 전파하여 이르시되 … 하나님의 나라가 가까이 왔으니."

예수님은 오래 기다려 온 왕이시며, 자기 백성을 건지셔서 하나님의 나라로 인도해 가시는 분이다. 그분은 이 땅에 계시면서 자비로운 용서, 지혜로운 가르침, 긍휼로부터 나온 기적을 통해 그분의 통치 아래 사는 삶의 놀라움을 증명해 보이셨다. 물론 복음서들의 절정은 왕이신 예수님의 통치라기보다 예수님의 죽음과 부활이다. 사도행전의 사도들이 죽음에서 부활하신 그리스도를 설교하고, 서신서들 역시 그리스도의 복음과 십자가 사건을 주목한다.

하지만 그렇다고 해서 십자가의 죽음과 부활의 복음이 하나님 나라에 대한 예수님의 복음과 다른 것은 아니다. 우리가 예수님의 나라에 들어가는 것은 믿음으로 그분의 죽음과 부활에 연합하는 것이기 때문이다. 또한 우리 왕께서 그분의 나라로 들어가는 길을 여신 방법이 바로 십자가이기 때문이다.

2. 우리 죄를 위해 죽으신 그리스도(고전 15:1-4)

바울은 고린도의 성도들에게 구원의 복음을 다시금 상기시킨다.

"성경대로 그리스도께서 우리 죄를 위하여 죽으시고"(고전 15:3).

그리스도의 죽음은 그분이 성경대로('유월절 희생', '대속적 희생'과 '고난받는 종의 희생'으로 하나님의 정의를 만족시키셨다) 우리 죄를 위해(스스로를 희생하는 대속물로 기꺼이) 죽으셨다는 점에서 놀라울 만큼 특별하다. 따라서 바울은 그리스도께서 장사되신 것이 분명하기 때문에 그분의 죽음이 절대 부인될 수 없다는 사실을 고린도교회에 재차 강조한다!

3. 부활하시고 다스리시는 그리스도(고전 15:4-7)

바울은 계속해서 "성경대로 사흘 만에 다시 살아나사"(고전 15:4)라고 말한다. 신약성경은 구약과 예수님 자신이 약속하신 것처럼, 예수님께서 부활하시고 하늘 보좌에 왕으로 좌정하셨음을 당당하게 선언한다. 예수님은 우리의 모든 죗값을 완벽하게 치르셨고, 그분 안에서 우리는 그분의 나라에 들어갈 자격을 온전히 갖추었다. 바울은 예수님이 수많은 사람에게 여러 자리에서 나타나셨기 때문에, 그분의 부활하심은 절대 부인될 수 없음을 못 박는다.

4. 다시 오셔서 심판하실 그리스도(롬 2:16)

많은 그리스도인이 성경이 심판을 복음의 일부로 명백하게 제시한다는 것에 무지하다.

로마서 2장 16절은 "곧 나의 복음에 이른 바와 같이 하나님이 예수 그리스도로 말미암아 사람들의 은밀한 것을 심판하시는 그날이라."라고 말한다. 그리스도의 최후 심판날에는 용서받은 사람들이 아름다운 새 하늘과 새 땅에서 상상할 수 없는 축복을 누리는 것만큼이나 회개하지 않은 악인들에게 지옥의 형벌이 예비될 것이다.

복음이 주는 축복

성경에서 복음은 평화, 소망, 생명, 의의 복음이라고 묘사되기도 한다. 다만 여기서는 이를 '하나님의 은혜의 복음'이라고 하겠다. 이 모든 것이 믿는 자에게 주어지는 놀라운 복음의 축복이다.

예수님을 처음 믿을 때 우리는 말로 표현할 수 없는 크고 심한 고난과 고통 중에서도 하나님의 평안으로 안위하심을 누리게 된다. 또한 그분과 함께하는 소망에서 오는 새 힘을 얻게 된다. 그분과의 인격적인 관계로 삶에 깊은 만족을 느끼게 된다. 더불어 우리의 것으로 여겨지고 우리 안에서 자라 가는 그리스도의 의로움으로부터 오는 기쁨을 날마다 경험하기 시작한다. 즉 우리는 믿을 수 없을 정도로 후하게 주시는 하나님의 은혜를 누리기 시작한다. 그리고 예수님이 다시 오실 때, 그 모든 기쁨과 감격이 하늘에서 온전히 성취될 것을 알게 된다. 복음이 주는 그 모든 축복은 원래 아브라함에게 약속된 영광스러운 복이며, 하나님 나라에서의 삶이다.

복음은 하나님의 은혜에 대한 기쁜 소식이다

복음은 기쁜 소식에 대한 선언이다. 예수님은 우리의 주님이자 그리스도이시고, 우리의 왕으로 오셨다. 우리 죄를 위해 죽으셨고 부활하셔서 다스리실 뿐 아니라 장차 다시 오셔서 심판하실 것이다. 한마디로 예수님은 우리의 주님이고 구원자이시다. 하지만 나는 우리가 복음의 정수를 모두 놓치면서 스스로 은혜의 복음을 선포하고 있다고 착각할 수 있다는 끔찍한 사실을 발견했다.

몇 년 전 스코틀랜드 출신의 목회자 친구가 나에게 이렇게 말했다. "자네의 설교에는 은혜에 대한 내용이 부족해. 온통 도전밖에 없어!"

이 말에 나는 큰 굴욕감을 느꼈다. 그러나 틀린 말은 아니었다! 심지어 나는 성도들에게 은혜에 대해 말할 때도 언제나 도전을 주었다. "여러분, 하나님의 은혜가 얼마나 놀라운지 깨달아야 합니다!"라고 말하며 깨달음에 더 강조를 두었던 것이다. 나의 도전 속에는 복음 자체에 대한 순전한 감탄과 경외가 점점 사라져 가고 있었다. 나는 '하나님의 은혜의 복음'을 더 깊이 묵상해야 했다. 설교 안에서 내가 인위적으로 도전하는 것이 아닌, 은혜의 복음 자체에 대한 감격과 감탄을 자아낼 바른 용어를 찾아 더 많이 표현해야 했다.

구원에는 우리가 무엇을 행해야 한다거나 어떤 모습이 되어야 한다는 조건이 존재하지 않는다. 우리는 그저 그리스도와 그분이 우리를 위해 행하신 일을 즐거워하면 된다. 바울이 선포한 '하나님의 은혜의 복음'은 따라야 할 좋은 충고나 논의해 볼 만한 좋은 생각 따위가 아니다. 그것은 우리가 마음껏 누리고 기념하며 기뻐할 좋은 소식이다!

질문과 적용

1. 복음이 우리 주 예수 그리스도가 아닌 다른 어떤 것이라고 생각할 때 어떤 위험이 초래됩니까?

2. 복음의 다양한 부분 중에서 어떤 점에 가장 감동을 느낍니까?

3. 어떤 점에서 복음이 하나님의 은혜에 관한 것입니까? 이 점을 간과하게 만드는 유혹을 어떻게 받았습니까?

> 지금까지 설명한 복음이 당신이 속한 교회에서 분명히 믿어지고 선포되고 있다는 것을 어떻게 확신할 수 있습니까?

하나님 나라를 전파하라
천국이 우리를 기다린다

10

"보라. 내가 여러분 중에 왕래하며 하나님의 나라를 전파하였으나 이제는 여러분이 다 내 얼굴을 다시 보지 못할 줄 아노라"(행 20:25).

전 세계가 충격에 휩싸였다. 50만 명 이상이 죽고, 수백만 명이 길거리에 나앉았으며, 약 10만 명의 아이들이 고아가 되었다. 나라 하나가 통째로 주저앉은 것이다. 2004년 12월 26일에 일어난 지진과 쓰나미로 인한 참상은 수많은 사람의 가슴을 찢어 놓았다. 눈물이 말라 버릴 정도로 큰 충격을 받은 아이들이 가족을 찾기 위해 황폐한 길거리를 이리저리 살피는 장면은 너무도 비참했다.

전 세계가 이 엄청난 규모의 비극 앞에서 할 말을 잃었을 뿐 아니라 영적인 혼란에 빠졌다. 우리는 히틀러(Adolf Hitler), 스탈린(Joseph Stalin), 폴 포트(Pol Pot)가 살인광이자 독재자였다는 것을 알고 있다. 스탈린그라드 전투, 아우슈비츠 대학살은 인간의 악한 이데올로기가 낳은 비극이었다. 911테러나 시리아 내전 역시 복잡한 정치, 종교적 갈등이 개입되어 있기 때문에 인류의 책임이라고 할 수 있다.

하지만 쓰나미는 인종 차별이나 종교 갈등, 독재자로 인한 전쟁이나 테러, 정부나 자살 폭탄 등 그 무엇도 탓할 수 없는 비극이다. 한마디로 이유 없는 비극인 것이다! 어떻게 하나님께서 그토록 끔찍한 고통을 허락하실 수 있을까?

이뿐만이 아니다. 보코하람, IS 같은 무슬림 극단주의가 득세함에 따라 북한, 에리트레아, 이라크, 아프가니스탄, 수단, 이란에 있는 그리스도인들에 대한 잔혹한 핍박의 소식이 끊임없이 들려오고 있다.

순교한 그리스도인들의 수는 (통계의 목적 때문에) 기관마다 매우 큰 차이가 있지만, 아마도 가장 신뢰할 만한 것은 국제 기독교 선교단체인 오픈도어즈의 통계일 것이다. 오픈도어즈에 따르면 2015년 8월까지 7천 명의 형제자매가 기독교 신앙을 가졌다는 이유로 목숨을 잃었고, 북한에서는 약 7-8만 명의 그리스도인이 강제수용소에 수용되었다.

이외에도 세계 곳곳에 있는 수많은 성도들이 폭력, 위협, 경제적·사회적 편견에 시달리고 있다. 도대체 무엇이 문제일까? 하나님께 그분의 자녀들을 도우실 능력이 없거나, 그럴 의지가 없으신 걸까?

이러한 상황에 해당되지 않는 우리의 경우는 믿음이 무너지는 이유가 자연재해나 종교 박해가 아니다. 암은 우리가 사랑하는 사람을 평생 휠체어에 앉게 하거나, 이른 죽음에 이르게 한다. 결혼생활, 직장생활, 자녀양육, 교회생활 속에서 자신은 예외일 것이라 생각했던 아픔과 좌절도 닥쳐 오기 마련이다.

살아 계시고 사랑 많으신 하나님이 어떻게 자신이 지은 세상에 그토록 많은 고통을 허락하시는 것일까?

하나님은 왜 침묵하시는가?

분노와 고통의 한가운데를 지나면서 진부하고 상투적인 신학적 논쟁을 벌이는 사람은 아무도 없다. 고통 가운데 있을 땐 곁에 있어 주고, 함께 울어 주며, 버팀목이 되어 줄 누군가가 필요하다. 그러나 지금 우리는 고통에서 한 발짝 떨어져 이에 대해 숙고해 보며 미리 대비하고 있다. 이처럼 고통과 멀찌감치 떨어져 있을 땐 대체 왜 우리가 예배하는 하나님이 고통을 거두어 가시지 않는지 의문을 던지지 않을 수 없다.

고통을 대하는 다른 종교들의 자세

다른 종교들이라고 뾰족한 수가 있는 것은 아니다. 12월 26일 쓰나미가 덮친 지역에서 인도를 대표하는 종교인 힌두교는 고통이 우리가 전생에 지은 악행으로 인해 당연히 감당해야 할 업보라고 했다. 그들에게는 '업보'(karma)라는 것이 존재하는데, 이는 균형을 맞추려는 힘이며 절대 피할 수 없는 것으로 그저 받아들이는 법을 배워야 할 뿐이다.

인도네시아의 주요 종교인 이슬람교는 고통이 전적으로 알라의 의지에 달려 있는 것이라 여긴다. 즉 고통은 인류의 악함 속에 있는 알라의 '심판의 손가락'이며 인간은 거기에 굴복할 수밖에 없다는 것이다. 스리랑카의 주요 종교인 불교는 고통이 좌절된 사랑을 향한 갈망 때문에 생긴 일종의 환영이라고 생각한다. 따라서 그 고통을 무시하라고 한다!

이처럼 신통치 않은 대안에 직면하여 많은 사람이 '비극이란 그저 강력한 자연적 힘의 불행한 충돌'이라고 생각하는 무신론적 체념이나 과학적 냉소주의에 빠져 버렸다. 영국의 진화생물학자이자 무신론자인 리처드 도킨스(Richard Dawkins)는 진화를 보는 다윈주의의 관점을 다음과 같이 노골적으로 드러냈다.

맹목적인 물리적 힘과 유전적 복제로 이루어진 우주에서 어떤 이는 고통을 받고, 어떤 이는 행운을 얻습니다. 거기에서는 어떤 이유나 암시도 찾아볼 수 없으며, 어떠한 정의도 찾을 수 없습니다. 우리가 보고 있는 우주는 그 근저에 어떤 계획도, 의도도, 선악도 없습니다. 단지 맹목적이고 무자비한 무관심 외에는 아무것도 없습니다.
_리처드 도킨스, 『에덴 밖의 강』, (서울: 동아, 1995)

이런 사람들에 따르면 신에 대한 믿음이 이 세상을 더 낫게 만들지 않는다. 오히려 삶을 더 무의미하고 절망적으로 만들 뿐이다! 많은 사람이 고통 앞에서는 신앙도 소용없다고 여긴다. 기독교의 하나님은 선을 베풀기 위해 무던히 애쓰지만 번번이 실패한다고 생각하기 때문이다. 그들은 자연재해가 신이 사랑이 없고(고통을 막지 않았기 때문에), 능력이 없음(고통을 막을 수 없기 때문에)을 증명한다고 생각한다. 하지만 이들은 의도적으로 한 가지 대안을 모른 척한다. 바로 사랑 많고 전능하신 하나님께서 재앙과 고통을 허락하시는 동시에 수많은 사람이 장차 누릴 천국의 평안과 축복에 대한 장기적인 계획을 펼치고 계신다는 것이다!

욥기, 하박국, 베드로전서와 복음서 등은 인간의 고통에 대한 심오함으로 가득 차 있다. 육신을 입으시고 헐벗음, 편견, 배신, 고문, 그리고 십자가의 고난을 견디신 왕 되신 예수님을 우리가 따름으로써 하나님 나라에 들어갈 수 있게 된 것이다.

그렇다 해도 살아 계시고 사랑 많으신 하나님께서 고통을 허락하신다면 어떻게 그분을 신뢰할 수 있을까? 답은 바로 하나님 나라에 대한 이해에 달려 있다. 하나님 나라는 어디에 있는지, 하나님 나라가 왜 지체되고 있는지에 대한 이해 말이다.

역사 가운데 전개되는 하나님 나라

성경 전체는 본질적으로 영원한 하나님 나라를 세워 가시는 그분의 역사에 대한 기록이다. 이 대서사시에는 네 가지 단계가 있다. 그리고 각 단계는 마침내 하나님께서 완성하실 그 나라에 대한 무언가를 드러낸다.

1. 드러난 하나님 나라 (창세기-여호수아)

태초에 하나님이 에덴동산에 한 나라를 세우셔서 우리의 조상인 아담과 하와가 그곳을 다스리게 하셨다. 하나님은 그들과 함께하시고, 규칙을 주시며 축복하셨다. 하지만 그들은 하나님께 반역한 죄로 추방당했고, 결국 그들에게 사망이 찾아왔다.

그러나 사랑과 긍휼이 많으신 하나님은 모든 민족을 위해 아브라함의 후손을 통하여 그분의 나라를 다시 회복시키겠다고 약속하셨다. 하나님은 인간의 악행과 저주 아래 놓인 이 땅의 불임과 기근에도 불구하고 아브라함의 가족을 신실하게 지키셨다. 그리고 형제들의 미움을 받던 요셉을 총리로 세우셔서 그 가계를 보존하셨다(예수님이 사람들에게는 미움을 받으셨지만, 하나님께서 예수님을 높이심으로 자신의 교회를 구해 내신 것처럼). 이스라엘 자손이 애굽에서 노예 생활을 할 때, 주님은 모세를 통해 바로 왕을 넘어서는 권능과 유월절 희생으로 그들을 구원하셨다. 홍해를 건너게 하셨고, 시내산에서 율법을 주셔서 이스라엘이 하나님을 예배하게 하셨다. 또한 제사 제도를 주셔서 그들이 속죄하여 하나님 앞에서 정결하게 하셨고, 그들을 마침내 약속의 땅으로 인도해 내셨다. 이스라엘 백성들은 잦은 반역에도 불구하고 하나님의 도우심으로 여호수아(예수)를 통해 약속의 땅 가나안으로 승리의 입성을 했다. 이에 대해 신약성경은 각 책 서두에서 하나님의 권능과 십자가의 유월절 희생이 우리를 사탄의 지배와 죄와 사망에서 어떻게 구원했고 어떻게 그분의 나라로 인도하셨는지 설명한다.

2. 구현된 하나님 나라(사사기-아가)

다음 단계에서 우리는 사사, 선지자, 제사장, 왕 및 통치자들이 다스리는 지상의 하나님 나라를 보게 된다. 불완전했지만 하나님의 영에 사로잡힌 지도자들을 주신 것은 우리를 구원하실 약속된 메시아(혹은 '기름 부음 받은 자'와 '선택된 자'를 뜻하는 '그리스도')를 보여 주시기 위함이었다.

사울은 최초의 메시아적 왕이었다. 그는 하나님께 선택받았고, 선지자에게 기름부음을 받았다. 또한 하나님의 영으로 가득 차 있었고, 하나님의 백성을 위한 전쟁에서 승리했다. 그러나 사울은 하나님께 불순종했다(마치 첫 번째 아담이 불순종했던 것과 같다). 그러자 하나님은 전쟁의 왕 다윗을 택하셨다. 다윗 역시 기름부음을 받았고, 하나님의 영으로 충만했으며, 골리앗과 싸워 이스라엘에 승리를 안겨 주었다. 게다가 다윗은 영원한 통치자 예수님에 대한 예언도 했다. 하지만 다윗 역시 우리야를 살인하고 밧세바를 간음하여 하나님께 반역하였다.

그의 아들 솔로몬은 평화의 왕이었고 눈부시게 지혜로웠다. 솔로몬은 주변국들과 평화를 유지했고, 하나님을 위한 거대한 성전을 지어서 모든 백성이 와서 기도하고 제사 지내며 속죄할 수 있게 했다. 그의 통치 아래에서 이스라엘은 가장 큰 영화를 누렸고, 이에 대해 스바 여왕은 다음과 같이 감탄했다. "복되도다. 당신의 사람들이여, 복되도다. 당신의 이 신하들이여, 항상 당신 앞에 서서 당신의 지혜를 들음이로다"(왕상 10:8).

이렇듯 평화로우면서도 크게 번영했던 이 왕국은 선택된 분이자 장차 오실 왕인 예수님의 통치 아래 누리게 될 행복을 맛보게 해 주었다. 그러나 슬프게도 많은 아내와 첩으로 인해 솔로몬의 마음이 중심을 잃었고, 마침내 이방 우상까지 섬겼다. 이에 대한 심판으로 이스라엘은 사악한 왕들의 통치를 받으며 끝없는 내전에 시달리게 되었다. 그 결과 BC 722년에 북이스라엘은 앗수르에게 멸망당했고, BC 596-586년에 남유다는 바벨론에 정복당하여 백성들이 포로로 끌려갔다. 포로 중에는 다니엘처럼 탁월한 젊은 지도자들이 있었고, 그들은 바벨론에서 교육을 받게 되었다. 그러나 다니엘은 가장 높으신 하나님께서 이 세상을 다스리시기 때문에(단 4:32) 신약성경이 말하듯 예수님을 주로 시인했고, 이방 나라에서 자신을 더럽히기 않기로 결심했다(단 1:8). 그 포로들은 곧 오셔서 자신들을 구원하시고, 하나님의 나라로 인도하실 구원의 주님만을 기다렸다. 그리고 신약성경은 이 내용을 통해 약속된 왕을 묘사하곤 했다.

3. 약속된 하나님 나라(이사야-말라기)

이스라엘 역사의 매 순간마다 하나님의 선지자들은 왕과 백성들의 우상 숭배를 보며 임박한 하나님의 진노를 경고하는 동시에 회복될 하나님의 나라와 그분의 풍성한 축복 또한 약속하였다. 선지자들은 이스라엘의 언어를 사용하여 신성을 지니신 왕께서 자기 백성들을 구속하시고 회복시키실 것을 예언하기도 하였다. 그들이 거하게 될 회복된 피조 세계와 도시와 성전이 있는 새로운 왕국, 곧 나라를 초월하여 부활하는 모든 신자가 거하게 될 새로운 왕국에 대한 축복의 약속이었다. 그 새로운 나라의 왕은 초월적인 '인자'이시며, 겸손히 '고난받는 종'이다. 이 것은 신약성경에서 하늘 왕국의 삶을 그리는 데 사용되었다.

4. 도래할 하나님 나라(마태복음-요한계시록)

마침내 모습을 드러낸 약속된 왕은 사람들이 기대한 모습과 매우 달랐다. 그분은 온화하면서도 긍휼이 가득한 종의 모습으로 죄인들을 섬기셨다. 그분이 온갖 재난, 질병, 귀신, 심지어 죽음 앞에서 행하신 기적의 권능은 자신의 신적인 정체성뿐 아니라 마침내 성취하실 하나님 나라의 축복을 나타냈다. 그리스도께서는 우리를 대표하는 왕으로 오셨다. 우리 죄를 위해 죽으셨고, 다스리시기 위해 부활하셨다. 언젠가 다시 오셔서 원수들을 심판하시고, 자기 백성들에게 상을 주시며, 온 피조 세계를 새롭게 하실 것이다. 그분은 우리가 담당해야 했던 죄의 형벌을 십자가의 죽음으로 치르셨다. 그리고 천국에 합당한 의를 만족시키셔서 죄인들이 그분의 나라에 담대히 들어갈 수 있는 길을 여셨다.

다시 사신 그리스도는 사도들을 부르시고 신약성경을 기록하게 하셨다. 그리하여 믿음으로 그리스도와 연합한 우리는 이 세상이 아닌 하늘나라의 시민이라는 사실을 분명하게 밝히셨다(요 18:36). 아버지의 나라가 임하기를(마 6:10) 기도하라는 예수님의 명령에 순종할 때, 우리는 복음으로 인하여 세상 모든 사람의 마음에 하나님 나라의 통치가 임하기를 구하는 것이다. 또한 이 세상에 가득한 아픔 앞에서 주님이 속히 오시기를 구하는 것이다. 하나님은 동일한 은혜로 이 세상을 떠받치고 계신다. 하지만 어떤 사람들의 말처럼 정의가 있는 곳 어디에서나 그분의 나라가 발견되는 것은 아니다. 그리스도께서 다스리시는 곳이 진정한 하나님의 나라다. 그리스도께서 왕이시라는 복음의 메시지를 받아들이고 그분의 통치에 순복하는 신자들의 마음을 포함해서 말이다. 더욱 많은 죄인이 복음을 통해 그리스도께 나오고 그분의 통치에 순종하여 장차 도래할 하나님 나라의 시민이 될 때, 그분의 나라가 더욱 확장될 것이다.

이것은 이 땅을 살아가는 모든 그리스도인이 고통을 무시할 수 없음을 의미한다. 이 세상은 타락한 죄의 본성과 부패하는 육신의 영향 속에서 하나님의 심판 아래 있기 때문이다. 성경에 나타난 하나님 나라의 역사는 단순히 유용한 역사적 지식에 그치지 않는다. 하나님 나라의 역사를 이해하는 것은 우리 삶의 고통과 좌절을 이겨냄에 있어서 무척 중요하다. 우리의 거의 모든 불만은 이 세상에서의 삶에 대한 과장된 기대에서 비롯된다. 그리고 이것은 장차 도래할 하나님의 나라가 지연되는 현상을 잘못 이해하는 것에서 시작된다. 여기에는 두 가지 중요한 함축이 있다.

주님의 나라가 임하기까지 고통을 허락하신다

하나님은 자연재해와 고통을 비롯한 우주의 모든 구석구석을 다스리신다. 하지만 하나님은 악의 근원이 아니시며, 지진이나 쓰나미 가운데서 기뻐하시는 분이 아니다. "나는 악인이 죽는 것을 기뻐하지 아니하고 악인이 그의 길에서 돌이켜 떠나 사는 것을 기뻐하노라"(겔 33:11).

하나님은 모든 민족과 문화권에 있는 수많은 사람을 구원하시기 위한 그분의 주권적인 계획을 펼치고 계신다. 쓰나미는 바다에 대한 두려움을 심어 주지만, 그것을 요동케 하시는 하나님에 대한 두려움도 갖게 한다. 그래서 C. S. 루이스(C. S. Lewis)는 이렇게 말했다.

> 하나님은 쾌락 속에서 우리에게 속삭이시고, 양심 속에서 말씀하시며, 고통 속에서 소리치십니다. 고통은 귀먹은 세상을 불러 깨우는 하나님의 메가폰입니다.
> _C. S. 루이스, 『고통의 문제』 (홍성사, 2008)

그리스도인들은 고통 가운데서 아버지가 구출해 주시기를 기다리며 그분을 신뢰하는 법을 배운다. 우리 부부는 아이가 생사를 오가는 큰 두려움의 시간을 겪은 적이 있다. 많은 경우처럼 하늘 아버지께서는 그 아픔을 빨리 없애 달라는 우리의 기도를 들어주시지 않았다. 그 대신 그 시간을 홀로 견디기에 너무 약한 우리에게 그분의 사람들을 보내셔서 그 아픔을 함께 지고 가게 하셨다. 그리고 하나님의 위로하심을 기다리는 가운데 하나님이 허락하신 공동체에 기대는 법을 배우게 하셨다.

우리를 구원하시고 그분의 나라로 인도하신다

"하나님, 왜 아무것도 하시지 않나요?"라고 따지고 싶은 마음이 굴뚝같을 때가 있다. 예컨대 식량의 불균등한 분배로 날마다 3만 명의 아이가 죽어 가는 상황 같은 경우다. 사실 하나님이 우리에게 "왜 너희는 아무것도 하지 않느냐?" 물으신다 해도 전혀 이상하지 않지만 그분은 그렇게 물으시는 대신 이 세상의 아픔을 보시며 매우 놀라운 일을 행하셨다.

우리의 삿대질과 책임 전가를 포함한 극심한 반역과 불순종에도 불구하고, 하나님은 우리를 한결같이 열렬하게 사랑하신다. 그분은 우리를 위해 스스로 낮아지셔서 평범한 갈릴리 사람이 되셨다. 그리고 우리처럼 평범한 사람들 속에서 우리가 감당해야 할 십자가를 대신 지시고, 지옥의 고통을 몸소 당하시기 위해 이 땅에 내려오셨다. 십자가 위의 주님께서 하나님의 진노의 잔을 마지막 한 방울까지 남김없이 비우셨기에, 이제 우리가 받을 진노는 없다. 그분이 모든 순종을 완전히 성취하심으로써 우리가 천국에 갈 수 있는 자격을 얻게 된 것이다. 성경은 눈부시게 아름다운 표현으로 고통 없는 천국을 그리고 있다.

> 하나님이 그들과 함께 계시리니 그들은 하나님의 백성이 되고 하나님은 친히 그들과 함께 계셔서 모든 눈물을 그 눈에서 닦아 주시니 다시는 사망이 없고 애통하는 것이나 곡하는 것이나 아픈 것이 다시 있지 아니하리니 처음 것들이 다 지나갔음이러라(계 21:3-4).

그날이 오면 더 이상 무고한 떼죽음이나 슬픔에 젖은 부모들, 방황하는 고아들이 없을 것이다. 더 이상 박해와 좌절이 없을 것이다. 하나님 나라의 복음은 고통 가운데 있는 슬픔의 세계를 위한 놀라운 희망의 소식이다. 하나님은 그분의 사랑하는 독생자를 십자가에 희생시키는 대가를 지불하시고 우리를 지옥에서 영원한 천국으로 구원해 내셨다. 이 구원의 대속을 가능하게 한 것이 '은혜'이고, 우리에게 주신 것이 그 '놀라운 은혜'이며, 직접 구원의 대속 제물이 되신 것은 '꿈에도 생각지 못한 큰 은혜'다. 바울을 따르는 우리 교회를 비롯한 모든 개혁 교회는 이러한 하나님의 나라를 선포한다. 이는 역사적 교훈 정도를 훨씬 넘어서는, 고난과 고통 가운데서 누리는 소망의 확신이다. 하나님 나라의 역사는 우리에게 "최고의 순간은 아직 오지 않았다!"라고 말한다.

바크만 터너 오버드라이브(Bachman-Turner Overdrive)의 노랫말을 빌어 이렇게 말할 수도 있을 것이다. "당신은 아직 아무것도 보지 못했어!"(Baby, you just ain't seen nothing yet!)

질문과 적용

1. 고통 가운데 있을 때 무엇이 당신을 평안하게 합니까? 예수님 역시 고통당하셨다는 사실이 당신을 평안하게 합니까? 아니면 장차 도래할 하나님의 나라가 그 모든 고통과 아픔을 없앨 것이라는 사실이 그렇게 합니까?

2. 세상에 가득한 고통 때문에 사랑의 하나님을 믿지 못하겠다고 하는 사람들에게 무엇이라고 말해 주겠습니까?

3. 고통은 우리 모두에게 찾아올 것입니다. 그러므로 지금 기도하는 것이 지혜로운 방법입니다. 성령님이 앞에서 배운 모든 진리를 우리의 마음 깊은 곳에 심으시도록 기도합시다. 이로써 어두운 날들이 찾아와도 하나님으로부터 멀어지지 않고 오히려 더욱 하나님께로 피할 수 있을 것입니다.

교회 성장 DNA

> 성도들이 고통과 아픔을 이겨 내도록 돕기 위해 성경에 나타난 하나님 나라의 역사(성경 파노라마)를 어떻게 제시해 주어야 합니까?

최후 심판을 경고하라

하나님은 경고하지 않은 자에게 책임을 물으실 것이다

"그러므로 오늘 여러분에게 증언하거니와
모든 사람의 피에 대하여 내가 깨끗하니"(행 20:26).

우리 교회는 성도들이 자기 친구들과 이웃에게 복음을 전할 수 있도록 돕는 전도 축제를 한다. 이 기간에 남성들을 위한 '벌목꾼과 맥주의 밤'을 열기도 하는데, 그럴 땐 전문 벌목꾼 그룹을 초청한다. 초청된 벌목꾼 그룹은 우리 교회 중앙에 있는 거대한 통나무들을 날카로운 손도끼로 부순다. 그러면 그곳에 모인 180명의 남자들이 어두운 밤에 둘러앉아 함께 벌목하는 것을 응원한다. 이러한 접근 방법은 비신자 남성들에게 복음을 전하는 데 매우 효과적이다.

'벌목꾼과 맥주의 밤' 행사 중 대화가 오고 좋은 분위기가 무르익을 때, 한 비신자 친구가 내게 다가왔다. 담임목사로서 그들과 친교의 시간을 가지면서 이야기를 나눌 때, 대체 어떤 대화를 해야 할까?

세례 요한은 다가올 심판에 대해 다음과 같이 말했다. "이미 도끼가 나무 뿌리에 놓였으니 좋은 열매를 맺지 아니하는 나무마다 찍혀 불에 던져지리라"(마 3:10).

11 최후 심판을 경고하라

눈앞에서 손도끼로 통나무를 벌목하는 순간에 드러나는 이 구절의 논지는 분명했다. 하지만 나는 그러한 메시지를 전했을 때 그들이 겁을 내고 떠나갈까 봐 두려웠다. 아니, 솔직히 말하면 그들이 나를 싫어하게 되지 않을까 하는 걱정이 앞섰다. 그러한 고민을 아내와 나누었을 때 아내는 따뜻한 말로 다음과 같이 짚어 주었다. "음, 그럼 당신은 사람들이 좋아하고 듣고 싶어 하는 거짓말만 들려줄 셈인가요?"

나는 아내를 정말 사랑한다. 우리는 사람들을 충분히 오랫동안 친절하게 대해 주면 그들이 결국 교회에 나와 예수님에 대해 알게 되고, 구원받게 될 것이라고 생각한다. 하지만 그러한 생각과 달리 대부분은 "오늘 좋은 시간 마련해 주셔서 정말 감사해요. 내년에 또 올게요!"라는 반응만 돌아올 뿐이다. 결국 나는 사람들에게 그들이 예수님에 대해 귀 기울여야만 하는, 제대로 된 이유를 제시해 주어야 한다는 사실을 깨달았다. 설령 그들이 나를 더 이상 좋아하지 않는다 해도 말이다. 그래서 나는 사람들에게 심판과 십자가에 대한 이야기를 들려주기 시작했다. 그 결과 정말 몇몇 사람은 그 이야기를 듣기 싫어했고, 넌더리 난다는 듯 떠나 버렸다. 하지만 대다수는 행사가 끝난 뒤에도 한 시간 넘게 남아서 나와 복음에 대해 이야기를 나누었다. 또한 행사에 참여했던 그리스도인들도 내가 그 어려운 메시지를 전하는 모습을 보고 도전을 받아 사람들에게 그리스도에 대해 이야기했다.

그날 밤은 정말 환상적이었다. 나는 내 역할이 단순히 사람들이 좋아할 만한 사람이 되는 것이 아니라 사람들이 하나님의 진노로부터 피할 것을 촉구하며 이를 위해 오신 구세주 예수 그리스도를 선언하는 것임을 새삼 깨달았다. 즉 초대된 손님들에게 잘 보이려고 애쓰는 대신 나는 우리 교회 성도들이 꺼내기 어려워하는 진리를 이야기하여 그들의 복음 전도를 도와야 했던 것이다. 이는 곧 성도들로 하여금 그리스도 안에 있는 하나님의 사랑에 대해 더 많은 것을 이야기할 수 있도록 그들을 세워 가는 일이었다. 만일 우리가 심판에 대해 말하지 않는다면, 사도 바울이 말한 것처럼 "모든 사람의 피에 대하여 내가 깨끗하니"라고 말할 수 없을 것이다. 이에 대해 좀 더 자세히 살펴보자.

사도행전 20장에서 바울은 구약성경 에스겔서에 사용된 무서운 이미지를 사용하고 있다. 자기 백성이 벌 받는 것을 원치 않으셨던 하나님은 선지자 에스겔을 '파수꾼'으로 세우셔서 백성들이 하나님의 심판을 대비하도록 경고하셨다. 마치 성곽에서 보초를 서던 파수꾼이 침입자가 나타났을 때 성 안에 있는 사람들에게 경고하는 것처럼 말이다. 만일 에스겔이 경고를 했는데도 이스라엘이 이를 거부한다면 하나님은 에스겔을 꾸짖지 않으실 것이다. 하지만 에스겔이 백성들에게 경고하라는 하나님의 말씀을 이행하지 않는다면 하나님은 "그 악인은 자기 죄악으로 말미암아 죽으려니와 내가 그의 피를 네 손에서 찾으리라"(겔 33:8)고 경고하셨다.

오늘날 모든 그리스도인은 하나님의 선지자다. 그렇기 때문에 모든 그리스도인에게 "하나님이 예수 그리스도로 말미암아 사람들의 은밀한 것을 심판하시는 그날"(롬 2:16)에 대한 메시지를 포함한 복음 전체를 전해야 하는 의무가 주어졌다. 이러한 맥락에서 바울은 자신이 에베소 교인들에게 다가올 하나님의 진노에 대해 신실하게 경고했기 때문에 "모든 사람의 피에 대하여 내가 깨끗하니"라고 말했던 것이다. 하지만 우리에게는 시뻘건 피를 뒤집어쓴 채로 천국에 도착할 수 있는 매우 끔찍한 가능성이 여전히 존재한다. 우리가 경고하지 못한 비신자들의 피 말이다.

1730년경에 영국과 미국에서 일어났던 영적 부흥의 역사가 이 시대에도 일어나기를 기도한다. 그러한 부흥을 위해 우리는 하나님께서 존 웨슬리(John Wesley), 조지 휘트필드(George Whitefield), 조나단 에드워즈(Jonathan Edwards) 같은 그리스도의 영광과 지옥의 끔찍함에 대해 담대히 선포하는 설교자들을 사용하셨다는 사실을 진지하게 받아들여야 한다.

위대한 부흥 설교자였던 마틴 로이드 존스(Martyn Lloyd Jones)는 다음과 같이 말했다. "제가 여러분을 두려움에 휩싸이게 했다는 점에서는 하나님의 심판대 앞에서 전혀 거리낌이 없습니다. 의도적으로 그렇게 하려고 부단히 애썼기 때문입니다. 저는 여러분의 영혼 속에 그리스도 예수 안에 있는 하나님의 놀라운 사랑과 영광의 소망을 전달하고자 합니다. 그러나 이것이 여러분의 마음을 충분히 감동시키지 못한다면, 저는 최선을 다해 지옥의 수많은 끔찍함으로 여러분에게 경고할 것입니다."

이렇듯 하나님의 진노는 우리에게 구세주가 필요하다는 사실을 보여준다. 우리 대신 십자가에서 고통당한 구세주 말이다.

그리스도인으로서 누리는 유익이 현재의 삶에 늘 분명하게 드러나지는 않는다. 그러나 하나님과 함께 영원히 천국에 있는 신자들과 지옥에서 영원히 고통받는 비신자들 사이의 격차는 상상할 수 없을 정도로 크다. 따라서 만일 우리가 전도할 때 사람들에게 심판, 천국, 지옥에 대해 경고하지 않는다면 모든 사람의 피에 대하여 깨끗하다고 할 수 없다.

사도행전 20장 32절에서 우리는 하늘의 기쁨을 엿볼 수 있다. 하지만 여기에서 그리스도의 재림 때 있을 하나님의 심판에 대해 바울이 설명한 네 가지 사실을 반드시 짚고 넘어가야 한다.

너희로 환난을 받게 하는 자들에게는 환난으로 갚으시고 환난을 받는 너희에게는 우리와 함께 안식으로 갚으시는 것이 하나님의 공의시니 주 예수께서 자기의 능력의 천사들과 함께 하늘로부터 불꽃 가운데에 나타나실 때에 하나님을 모르는 자들과 우리 주 예수의 복음에 복종하지 않는 자들에게 형벌을 내리시리니 이런 자들은 주의 얼굴과 그의 힘의 영광을 떠나 영원한 멸망의 형벌을 받으리로다(살후 1:6-9).

심판은 공정할 것이다

"환난을 받는 너희에게는 우리와 함께 안식으로 갚으시는 것이 하나님의 공의시니"(살후 1:7).

하나님은 절대적으로 공의로우시며, 불의 및 잔인함과는 거리가 먼 분이다. 그 누구도 하나님을 매수하거나 협박하거나 당황하게 할 수 없다. 하나님은 모든 것을 아시며, 모든 것을 완벽히 기억하신다. 그렇기 때문에 하나님은 우리의 생각과 말과 행위를 공정하게 심판하실 것이고, 사람들은 자신의 죄악에 따라 정확한 처벌을 받게 될 것이다(마 12:36; 롬 2:6; 벧전 1:17; 계 20:12).

하나님께서 심판하실 때에는 모든 상황, 예컨대 무지하고 난처했던 상황, 부당한 특권과 믿음을 가질 수 있던 기회들까지 모든 것을 고려하실 것이다.

하나님의 놀라운 은혜로 예수 그리스도를 믿게 된 사람들은 예수님의 완전한 순종의 삶 안에서 그분의 의로우심을 전가받아 하나님 앞에 의롭다고 여겨질 것이다. 심지어 하나님은 성령님이 주시는 힘으로 맺을 수 있었던 선한 열매들에 대해서도 우리에게 합당한 상급을 주기 원하신다.

예수님이 심판하실 것이다

"주 예수께서 자기의 능력의 천사들과 함께 하늘로부터 불꽃 가운데에 나타나실 때에"(살후 1:7).

예수님은 능력의 천사들과 불타는 듯한 거룩함 가운데 친히 나타나실 것이다. 구약성경은 하나님이 "용광로 불 같은 날"(말 4:1)에 "금을 연단하는 자의 불"(말 3:2)과 같이 오셔서 심판하실 거라고 약속한다. 또한 하나님이신 예수님은 건초를 에워싼 맹렬한 불길처럼 그분의 거룩한 진노로 죄를 뉘우치지 않는 죄인들을 에워싸실 것이다.

사랑이 많으신 예수님은 우리에게 이와 같이 분명하게 경고하셨다.

"세상 끝에도 이러하리라. 천사들이 와서 의인 중에서 악인을 갈라 내어 풀무불에 던져 넣으리니 거기서 울며 이를 갈리라"(마 13:49-50).

극심한 고통의 용광로 속에서 영원히 살아야 한다는 끔찍한 이미지가 정확한 이유는 "우리 하나님은 소멸하는 불"(히 12:29)이시기 때문이다.

그리스도의 의로운 생명으로 보호받지 못한 이들에게 소멸하는 불이신 하나님이 다가오시는 것은 마치 벌거벗은 자들이 태양 표면에 가까이 가는 것과 같다. 바울이 중세 시대의 천박한 고문 도구 같은 무언가를 묘사하는 것이 아니다. 그는 거룩하신 하나님의 임재 앞에서 구원받지 못한 죄인들이 받게 될 영원한 심판을 그리고 있다. 하나님은 불을 붙이시는 분이 아니다. 그분의 거룩하심은 그 자체로 용광로의 불과 같다.

예수님이 나타나시는 날, 그분은 능히 셀 수 없는 천군 천사와 함께 오실 것이다. 여기서 천사들은 온 우주의 살아 있는 자와 죽은 자들을 불러 모으실 수 있는 예수님의 왕권과 능력을 나타낸다(단 7장). 예수님은 농부처럼 낫을 휘두르며 포도를 수확하실 것이고, 사방이 피로 가득해질 때까지 수확한 포도를 그분의 진노의 포도주 틀 안에서 짓밟으실 것이다(계 14장). 이러한 심판에서 그 누구도 도망칠 수 없다.

심판받는 가장 큰 이유

"하나님을 모르는 자들과 우리 주 예수의 복음에 복종하지 않는 자들에게 형벌을 내리시리니"(살후 1:8). 대부분의 사람들은 하나님이 우리의 악행보다 선행에 더 주목하시기 때문에 독재자나 살인자 같은 사람들만 지옥에 갈 것이라고 생각한다. 하지만 이 구절은 인간의 가장 주요한 죄가 '무언가를 행하는 것이 아닌, 무언가를 행하지 않는 것'이라고 분명하게 말한다. 즉 하나님과 복음을 가치 있게 여기지 않는 것이다.

하나님은 아마도 그리스도에 대해 전혀 들어 보지 못한 사람들(고대 원주민이나 아마존 정글에서 고립되어 살아가는 사람들, 혹은 종교적 광신주의에 현혹된 자들)을 그리스도를 거부했다는 명목상의 이유로는 심판하지 않으실 것이다. 하지만 그들 역시 심판받게 될 것이다. 이는 그들이 하나님께서 창조하신 장엄한 피조 세계를 너무나 잘 알면서도 여전히 하나님을 거부했기 때문이다. 사람들은 끊임없이 자기가 선호하거나 자기에게 익숙한 종교적 이미지에 상상력을 가미하여 하나님을 자기가 원하는 모습으로 바꾸어 버린다.

만일 우리가 복음을 듣고도 순종하지 않는다면, 우리는 복음을 등한시하는 또 다른 죄를 짓는 것이다. 그리고 복음을 듣고 거부한 가버나움이나 런던 같은 곳의 사람들은 모국어로는 복음을 전혀 들어 보지 못한 두로와 리야드에 있는 이교도들보다 더 끔찍한 심판을 받게 될 것이다. 많은 사람이 자신이 하나님을 싫어한 것은 아니라고 항변할 것이다. 하지만 그들은 십자가에서 죽임당하신 하나님의 아들을 등한시했다. 이는 다음과 같은 이유로 매우 끔찍한 일이다.

심판의 형벌은 끔찍할 것이다

"이런 자들은 주의 얼굴과 그의 힘의 영광을 떠나 영원한 멸망의 형벌을 받으리로다"(살후 1:9).

예수님은 지옥의 끔찍함에 대해 자주 말씀하시며 사람들에게 경고하셨다. 그리고 바울은 이 구절에서 그러한 예수님의 설명 중 두 가지를 택했다. 첫 번째로 바울은 "영원한 멸망"이라는 표현을 사용한다. 이 표현은 '사라져 버리는 것'이 아닌 '파멸'을 뜻한다. 즉 우리 안에 있는 모든 더러움이 드러나기 위해, 지옥에서는 하나님으로부터 주어진 선하고 존귀한 것이 모두 사라지고 결국 미워하고 미움받는 상태가 된다는 것이다. 예수님은 죄인들이 절망적인 고독 속에서 슬피 울며 이를 가는 고통을 받을 것이라고 말씀하셨다. 더욱 최악인 것은 그러한 고통이 영원하다는 것이다. 천국이 영원하듯 지옥도 영원히 지속될 것이다(마 25:46).

그와 같은 끔찍함 앞에서 우리는 "한 번뿐인 인생에서 지은 죄에 비해 영원한 지옥은 너무 가혹한 것 아니냐!"라고 불평할 수 있다. 하지만 우리가 지은 죄악의 중차대함은 우리가 그 죄를 지은 대상이 어떠한 분인지에 따라 결정된다. 즉 우리가 아주 잠시 증오라는 죄를 지었다 해도 그 대상은 하나님이시고, 그 죄는 하나님 앞에 영구히 남는다는 사실을 기억해야 한다.

지옥은 하나님의 거룩하심을 나타내는 장소이기에, 영원히 존재하시는 하나님은 천국에 베푸시는 은혜만큼이나 지옥에 있는 이들을 벌하실 것이다. 그리고 슬프게도 성경에서는 지옥에 있는 비신자가 하나님께 돌이키는 것에 대한 어떤 가능성도 발견할 수 없다.

우리의 죄로 인한 형벌에 대해서 사람들에게 말해 주지 않는다면, 우리를 대신하여 죽으신 그리스도의 죽음이 별로 필요해 보이지 않을 것이다. 그리고 놀랍게 느껴지지도 않을 것이다. 서양 문화에서 심판에 대한 진리를 전하는 가장 좋은 방법은 직설적으로 사람들을 정죄하기보다, 우리 자신이 그러한 심판을 받아 마땅한 존재임을 어떻게 깨닫게 되었는지 이야기하는 것이다.

물론 사랑하는 사람이 지옥에서 하나님의 영원한 형벌을 받는 모습은 나 역시 상상하기 어렵다. 하지만 아마도 우리 모두가 가학적인 소아성애자에게 그에 합당한 법의 심판이 내려지기를 원하는 것과 같은 이치라 할 수 있지 않을까 싶다. 우리가 죄악의 끔찍함을 제대로 보게 된다면, 지옥의 고통이 아닌 천국의 은혜에 감탄하며, 하나님의 심판이 아닌 하나님의 은혜에 더욱 크게 놀랄 것이다.

이와 같이 모든 개혁 교회는 복음 전도에 절박한 마음을 갖고 있다. 복음이 하나님의 심판을 선언하고 있음을 알고 있기 때문이다. 피에 대해서 깨끗하기 위해, 그리고 잃어버린 자들에 대한 사랑으로 인해 우리 모두는 반드시 경고해야 한다. 하지만 잔혹한 중세적 고문의 상상력을 동원하거나, 정죄하려는 의도로 경고하거나, 자신은 의로워서 심판과는 상관없는 것처럼 여겨서는 안 된다. 우리는 반드시 넘치는 사랑으로 적절하게 경고하는 방법을 모색해야 한다. 그리고 사람들이 임박한 진노를 피할 수 있도록 도와야 한다. 바로 예수님께로 말이다!

질문과 적용

1. 당신은 하나님의 심판을 받을 만한 죄인입니까?

2. 복음을 설명할 때 하나님의 심판에 대해서도 이야기합니까? 그렇게 하고 있지 않다면 그 이유는 무엇입니까?

3. 진정한 그리스도인이 되게 해 달라고, 다가올 진노에서 구원해 달라고 기도해 본 적이 있습니까? 없다면 아래의 '회개', '감사', '간구' 세 가지 내용이 담긴 기도문을 따라 당신의 구원을 위해 기도하십시오.

"주님, 저는 죄인입니다. 저의 죄를 주님 앞에 회개하며 나아갑니다. 저를 위해 죽으신 주님께 감사를 드립니다. 저를 용서하여 주시고, 죄에서 떠나 주님을 따를 수 있도록 도와주옵소서. 예수님의 이름으로 기도합니다. 아멘."

교회 성장 DNA

당신이 속한 교회의 가르침과 전도에서 심판, 천국, 지옥 모두가 적절하게 강조되고 있습니까?

총체적 진리를 가르치라

왜곡된 복음으로는 구원에 이를 수 없다

12

"이는 내가 꺼리지 않고 하나님의 뜻을
다 여러분에게 전하였음이라"(행 20:27).

　나에게는 친한 음악인 친구가 한 명 있다. 그는 어떤 록 밴드의 드럼 연주자로, 전 세계를 순회하며 수많은 관중 앞에서 공연을 하기도 하고, 런던에서 열리는 가장 큰 공연에서 연주하기도 한다. 나는 그가 기독교인이 되기를 간절히 바라며 그의 집을 방문하여 종종 성경에 대해 이야기를 나누기도 했다. 하지만 그와 그의 아내는 유독 성(性) 도덕에 대한 성경의 가르침을 완고하게 반대했다. 그럴 때면 나는 가끔씩 성경에서 시대적 타당성이 떨어져 보이는 내용들을 찢어 내고 싶은 충동에 휩싸인다. 그럴 수 있다면 그가 기독교를 받아들여서 구원을 받게 될지도 모르고, 어쩌면 우리 교회에서 드럼 반주를 하게 될 수도 있지 않은가? 그렇다면 정말 좋을 텐데 말이다!

　그렇지만 바울은 성경에 있는 "하나님의 뜻을 다" 전하는 것을 타협한 적이 없었다. 사람들이 싫어한다 해도 말이다. 그는 디모데에게 "너는 말씀을 전파하라. 때를 얻든지 못 얻든지 항상 힘쓰라"(딤후 4:2)고 가르쳤다. 청중들은 그러한 가르침 앞에서 (사고방식과 삶 전반에) 큰 도전을 받게 될 것이고, 교사들은 (사람들이 실망하지 않을까) 두려워할 것이다. 하지만 바울은 사람들이 불편해하든 말든 신실하게 하나님의 말씀을 전부 전하라고 말하고 있다.

때를 얻었을 때, 곧 교회가 열매를 맺고 성장할 때 우리는 반드시 성경을 가르쳐야 한다. 하지만 때를 못 얻어 열매가 덜 맺히고 교회가 쇠퇴하는 때 역시 성경을 가르쳐야 한다. 바울은 말씀이 환영받지 못하는 이유에 대해서 사람들이 바른 교훈을 듣지 않기 때문이라고 말했다(딤후 4:3). 성경이 늘 사람들이 듣기 원하는 내용만 말하는 것은 아니다. 그럼에도 성경은 언제나 모든 사람의 영적 건강을 위해 필요하다.

많은 사람이 TV에 나와 우스꽝스러운 미신을 떠들면서 물질적 번영을 약속하는 설교자나 얼마든지 부도덕을 허용하는 진보적인 설교자들의 거짓말을 더 멋지다고 생각하며 좋아할지 모른다. 그러나 신실한 성경 교사는 반드시 성경에 있는 모든 진리, 곧 총체적 진리를 선포하며 그 외에는 덧붙이거나 빼지 말아야 한다.

총체적 진리에는 그리스도의 유일성, 지옥의 영원함, 쾌락주의의 죄악성, 남성의 지도권, 성적 윤리와 같은 인기 없는 가르침들이 포함된다. 그렇다고 해서 교회가 세상을 향해 냉혹하고 매몰찬 선전포고를 하는 것은 아니다. 오히려 성경을 중심으로 삼는 교회라면 말씀 안에 있는 모든 하나님의 사랑의 가르침을 온전히 붙들고, 다른 이들 또한 그렇게 하도록 도와야 한다.

하나님의 말씀과 현대 문화의 충돌

창세기는 하나님이 인류와 관계를 맺으시기 위해 그들을 하나님의 형상으로 창조했다는 것을 보여 준다. 이는 오늘날의 인류가 가지고 있는 풍성한 관계성에 지대한 영향을 미쳤다. 서양 문화권에서는 인간의 사회적 행동을 다스리시는 하나님에 대해 설명하거나 변호하기 전에 먼저 하나님의 본성 자체를 이해하려는 경향이 있다. 그 대표적인 것이 바로 '삼위일체'다.

예수님은 '유일하신 하나님은 성부, 성자, 성령의 삼위일체 하나님'이라는 진리를 성경말씀으로 보증하신다. 이 거룩한 삼위일체 하나님은 영원히 지속되고, 복수(plural)로 존재하시며, 삼위가 동등한 가운데 서로 보완하시고, 완벽한 조화를 이루시는 사랑의 연합 속에 거하신다. 우리는 이런 하나님을 따라 지음받았기 때문에 우리 역시 그분과 같은 관계성 안에서만 성장하고 번영할 수 있음을 깨닫는 것이 중요하다.

1. 삼위 하나님은 지속되는 관계 가운데 계신다

삼위일체 하나님을 따라 지음받은 인간은 일시적인 관계가 아닌 지속적인 관계 속에서 번영한다. 대체로 아이들이 끊임없이 이사를 다니는 것보다 한 곳에서 안정적으로 자라는 것이 더 나은 이유와 같다. 이것이 바로 삼위 하나님께서 차례대로 잠깐씩 동거하시지 않고 영원한 동반자 관계로 계시기 원하는 이유다.

2. 삼위 하나님은 복수로 존재하신다

삼위일체 하나님을 따라 지음받은 인간은 언제나 혼자일 때보다 함께일 때 번영한다. 즉 외로움 속에 혼자 사는 것보다 가족이나 절친한 친구들과 함께 지내고, 지역사회의 한 일원으로서 자신의 역할을 감당하며 살아가는 것이 일반적으로 더 유익하다. 이것이 바로 우리를 구원하신 하나님께서 우리를 교회로 모이게 하신 이유다.

3. 삼위 하나님은 서로 동등하시다

삼위일체 하나님을 따라 지음받은 모든 인류는 세대와 종교, 경제적 위치, 성별에 관계없이 하나님 앞에서 동등하게 귀하다. 그렇기 때문에 하나님은 우리가 기꺼이 희생하면서 사회를 섬기기 원하신다. 그리고 부자들과 힘 있는 사람들이 대접받는 것처럼, 우리가 가난한 자들과 장애인들과 약자들을 돌보는 데 헌신하기를 원하신다. 이것이 바로 여자와 남자가 하나님 앞에서 동일한 존엄성을 가지며 서로를 존중해야 하는 이유다.

4. 삼위 하나님은 서로 보완하신다

삼위일체 하나님을 따라 지음받은 인간은 단색적인 환경보다 다채로운 사회 환경 속에서 더욱 번영한다. 이는 하나님께서 인간을 다문화적 사회 안에서 번영하도록 디자인하셨기 때문이다. 하나님은 서로 보완하고 보충하는 이 다양성 때문에 남자와 여자가 결혼하도록 만드셨다.

5. 삼위 하나님은 완벽한 질서를 이루신다

삼위일체 하나님을 따라 지음받은 인간의 관계성은 사랑이 동반된 권위와 겸손한 순종이 공존하는 곳에서 번영한다. 마치 그리스도께서 교회를 이끄시지만 아버지께는 순종하시는 것처럼, 우리 또한 모든 사람의 중요성과 존엄성을 인정하면서도 자녀나 부하직원에게 권위를 행사하기도 하고, 동시에 직장 상사, 교회 장로, 남편에게 순종하기도 한다. 이러한 방식으로 우리는 부하 직원들, 아이들, 시민들이 열등한 존재라고 생각하지 않으면서도 상사와 부모와 경찰관의 말(관련 법규)을 따라야 한다고 생각하는 것이다! 이것이 바로 하나님을 섬기는 가운데 조금의 불평등 없이 남편은 사랑으로 아내를 이끌고, 아내는 사랑하는 마음으로 남편에게 순종할 수 있는 이유다.

6. 삼위 하나님은 서로 사랑하신다

삼위일체 하나님을 따라 지음받은 우리 인간의 관계성에서 가장 존귀한 부분은 바로 사랑하고 사랑받는 것이다. 진정한 사랑은 감상적인 자극이나 성적 욕구가 아니라 기꺼이 희생하는 마음이다. 이 마음은 대가를 바라지 않고 오직 타인의 유익을 위해 섬기겠다는 약속에서 나온다. 이것이 바로 결혼한 그리스도인들이 인생의 힘겨운 시간을 만나도 쉽게 이혼하지 않고 힘써 결혼 관계를 지켜 나가는 이유다.

이처럼 하나님의 본성에 대한 깊은 이해는 인간관계 전반에 큰 영향을 미친다. 우리는 이에 비추어 결혼과 성 도덕에 대한 생각을 바꾸어야 한다. 오늘날에 유행하는 여러 생각과 달리 우리의 근본적인 정체성과 가치는 성이 아닌 하나님의 형상으로 지음받았다는 사실에 있다. 이것이 바로 그리스도인들이 어린이든 독신주의자든 상관없이 모두의 존엄성을 기쁘게 인정하는 이유다. 또한 결혼이나 성적 활동을 우상화하여 이를 윤택한 삶을 위한 필수 조건으로 여기지 않는 이유이기도 하다.

결혼은 한 남자와 한 여자의 평생에 걸친 관계다

예수님은 이렇게 말씀하셨다.

예수께서 대답하여 이르시되 사람을 지으신 이가 본래 그들을 남자와 여자로 지으시고 말씀하시기를 그러므로 사람이 그 부모를 떠나서 아내에게 합하여 그 둘이 한 몸이 될지니라 하신 것을 읽지 못하였느냐(마 19:4-5).

예수님은 하나님께서 우리를 그분의 형상대로 남성과 여성이라는 두 성별로 지으셨음을 가르치셨다. 대부분은 이것을 어려움 없이 받아들인다. 그러나 오늘날에는 성(性)전환자인 '트렌스젠더'(생물학적 성과 자신이 느끼는 성이 일치하지 않거나 어울리지 않는다고 생각하는 사람들을 통칭한다)라는 사람들이 존재한다. 이들의 투쟁을 잘 보여 주는 여러 사례가 있다. 철인 10종 경기 세계 기록 보유자인 케이틀린 제너(Caitlyn Jenner)의 공개적인 커밍아웃, 최초로 성전환 수술을 시도한 릴리 엘베(Lili Elbe)에 대한 영화 '대니쉬

걸'(The Danish Girl, 2015), 그리고 이러한 트렌스젠더들이 어느 화장실을 이용해야 하는지, 어느 감옥으로 보내져야 하는지, 이들의 신분증은 어떻게 만들어야 적합한지에 대한 매우 광범위한 논쟁이 대표적이다.

트렌스젠더들은 이처럼 매우 복잡한 상황을 경험하고 있다. 그럼에도 그들은 여전히 하나님의 형상대로 지음받은 존귀한 사람들이며, 하나님은 그들을 사랑하신다. 그들은 자주 괴로움과 외로움에 사로잡히고 '성별 불쾌감'(생물학적 성과 스스로 느끼는 성적 정체성에 대한 감각의 불일치에서 오는 불쾌감)을 겪는다. 뿐만 아니라 '간성'(intersex)이라는 매우 소수의 사람들도 있다(이들은 생물학적으로 성적 정체성이 불분명하게 태어나며, 성인이 될 때까지 이러한 상태가 지속되기도 한다).

세속적인 서양 문화는 스스로 성 정체성을 결정할 권리를 포함한 개인의 자율성을 강력히 요구한다. 또한 개인의 '본래성'(authenticity)을 매우 소중히 여긴다. 이것은 내가 느끼는 것이 바로 '나'이며, 나의 정체성을 규정하려는 타인의 시도는 무엇이든 저항해야 한다는 것이다. 그러나 본문에서 예수님은 '우리 모두 창조되었고, 하나님의 사랑을 받았으며, 성별을 부여받았다'고 가르치신다. 훌륭한 목사이자 작가인 본 로버츠(Vaughan Roberts)는 이에 대해서 다음과 같이 말한다.

창조가 지닌 근본적인 메시지는 이와 같습니다. 모든 개개인이 지닌 생물학적으로 결정된 성별은 창조주 하나님의 선한 선물입니다. 우리는 이것을 받아들이고 그 안에서 살아야만 합니다.
_본 로버츠, 『트렌스젠더』(Transgender), 43쪽.

동성에 끌리면서도 여전히 성경적 성 윤리를 따르며 분투하고 있는 어느 그리스도인 작가는 트위터에 이런 글을 쓰기도 했다.

우리 문화는 "네 마음이 원하는 것이 곧 너의 성 정체성이니 마음이 이끄는 대로 몸이 따라가게 하라"고 말합니다. 그러나 성경은 "너에게 주어진 신체가 곧 너의 성 정체성이니 마음을 몸에 순응시키라"고 말합니다.

그러므로 비록 내면에서 혼란을 느낄지라도 우리의 성은 하나님으로부터 받은 생물학적 선물이지, 선택할 수 있는 삶의 방식이나 양육의 산물이 아니다. 우리가 지닌 남성과 여성 두 가지 성 정체성은 삼위일체 하나님 안에 있는 인격의 다양성을 아름답게 반영하고 있다.

이것이 바로 '하나님이 제정하신 결혼은 한 남자와 한 여자의 영구적인 연합이고, 성의 친밀한 기쁨으로 표현되는 것이며, 자녀를 낳고 기르는 가장 이상적인 사회 환경'이라고 예수님이 말씀하신 이유다. 바울은 이러한 결혼이 교회를 위한 그리스도의 희생적인 사랑을 보여 주는 강력한 예표라고 말했다(엡 5:22-33). 우리는 다양한 종류의 관계 형태를 만들 수 있다. 실제로 많은 서양 국가에서 동성혼이 합법화되기도 했다. 그러나 한 남자와 한 여자의 공개적인 결합이 아니라면 예수님이 말씀하신 결혼이라고 할 수 없다.

물론 예수님께서 동성애를 명확하게 정죄하시지는 않았다(그러나 로마서 1장과 고린도전서 6장처럼 성경의 여러 부분에서 분명하게 정죄하고 있다). 뿐만 아니라 예수님께서 명확하게 정죄하지 않으신 수많은 종류의 성적 행위가 있다.

그러나 예수님은 결혼이 무엇인지에 대해 분명하게 설명하심으로써 다른 종류의 성적 관계는 결혼이 아니며, 허용되어서도 안 된다는 기준을 가르치셨다.

비록 각자가 다른 방식으로 성적으로 타락했을지라도 우리 모두는 예수님의 온전한 용서를 받았으며, 그분을 따라 거룩해지는 변화의 능력을 받았다. 이러한 복음은 우리에게 위안을 준다. 하나님의 말씀은 결혼 이외의 모든 성적 관계는 그것이 이성이든 동성이든 상관없이 모두 금하고 있다. 이것을 강조하는 것이 아마 동성애와 여러 성적 타락에 대한 성 윤리를 이해하는 데 도움이 될 것이다. 그리스도인들은 동성애 혐오자(homophobic)가 아니라 포르노 혐오자(pornophobic)라고 해야 옳다!(참고로 '포르노'라는 단어는 '포르네이아'[porneia]라는 그리스어에서 유래하였다) 또한 예수님을 따르기 원하지만 성경이 금하는 것들에 대한 욕망을 지닌 모든 신자는 그것이 이성애든 동성애든(합법적이든 아니든) 스스로 용감하게 성 윤리를 지킬 것을 결단해야 한다. 그리고 그로 말미암아 성령님이 주시는 힘과 교회 안에서의 따뜻한 격려를 누릴 수 있어야 한다.

거의 모든 그리스도인은 다양한 종류의 성적 욕망을 절제하며 살아간다. 개혁 교회들은 비록 그들의 문화에서 정치적으로 위배된다 하더라도 총체적인 하나님의 말씀을 가르치고 그 안에서 살아가는 삶에 헌신한다. 이는 우리의 창조자께서 우리를 이해하시고 우리의 관계에 가장 좋은 것을 주기 원하신다는 것을 믿기 때문이다. 근래에 들어 결혼, 성 윤리, 성 정체성과 같은 주제가 '평등'이라는 이름으로 다루어지고 있다. 그러면서 그리스도인과 세속 사회의 긴장이 점점 더 심화되고 있다.

모든 세대에서 교회는 성경적인 신앙을 지키기 위해 다투어 왔다. 교회 내 회중 사이에서 다투고, 유행하는 문화와 타협하는 다른 교회 리더들과 다투고, 기독교 신앙을 억압하는 당국과도 다투었다. 수많은 서양의 그리스도인들은 수세기 동안 신앙의 자유를 누려 왔다. 지구 반대편에서 핍박받는 그리스도인들이 꿈도 꾸지 못하는 자유 속에서 말이다. 그러나 이 자유도 점점 사라져 가고 있다. 사도 바울은 가는 곳마다 유대 종교 지도자들과 로마 권세자들의 공격적인 박해에 시달렸다. 그럼에도 "내가 꺼리지 않고 하나님의 뜻을 다 여러분에게 전하였음이라"(행 20:27)고 선언했다. 우리도 당국과 종교 권력자들에 의해 십자가에 못 박히신 주님의 본을 따랐던 바울의 모범을 따르자. 하나님의 뜻을 가르친다는 이유로 전도 대상자들이 떠나더라도, 내 친구가 우리 교회에서 드럼 반주를 평생 못해 준다 해도 하나님의 모든 뜻을 가르치자!

질문과 적용

1. 비신자들과 복음을 나눌 때 성경의 가르침 중에서 가장 다루기 불편한 주제는 무엇입니까?

2. 결혼, 성 도덕, 성 정체성에 대한 성경의 가르침이 현대 문화와 다르다는 것에 대해 어떻게 생각합니까?

3. 결혼과 성이라는 주제를 하나님의 본성과 연결시키는 것이 이 주제를 이해하는 데 어떤 유익을 줍니까?

> 모든 연령대의 성도들에게 성경이 말하는 성 도덕을 분명하고 신실하게 가르치려면 어떻게 해야 합니까?

성도들을 돌보고 양육하라

그것이 선한 목자의 길이라

13

"여러분은 자기를 위하여 또는 온 양떼를 위하여 삼가라. 성령이 그들 가운데 여러분을 감독자로 삼고 하나님이 자기 피로 사신 교회를 보살피게 하셨느니라"(행 20:28).

'목양 사역'이 무엇인지 정의하는 데서 오는 혼란이 있다. 많은 사람이 목양을 인격적인 돌봄이나 심리적인 치료라고 생각한다. 그렇기 때문에 성직자가 좋은 성경 교사임에도 아파하는 사람들의 이야기에 귀 기울이고 도와주는 감성이 부족하면 별 볼 일 없는 목회자로 묘사되기도 한다. 따라서 만약 성도들이 목양 사역을 병문안, 결혼 상담, 갈등 해결 정도로 생각한다면 그러한 일에 신경을 안 쓰는 목회자에게 큰 불만을 느끼게 될 것이다!

그러나 바울은 모든 성도에게 "짐을 서로 지라"(갈 6:2)고 가르친다. 서로를 돌보는 것은 단지 교회의 몇몇 리더가 아닌, 모든 그리스도인의 책임인 것이다(물론 교회의 리더들은 할 수 있는 한 좋은 본이 되어야 한다).

그렇다면 바울이 에베소교회의 장로들에게 교회의 "목자가 되라." 혹은 "목회자가 되라"고 말한 것은 어떤 의미일까? 지금부터 과연 '목양 사역'이 무엇이고, 누가 해야 하며, 어떻게 행해져야 하는지 살펴보자.

목양 사역이란 무엇인가?

성경이 여호와 하나님을 이스라엘의 '목자'라고 찬양할 때 하나님은 이스라엘을 이집트로부터 구원하시고, 약속의 땅으로 인도해 내신 분으로서 찬양받으시는 것이다. 이는 하나님이 우리를 구원하시고 그분의 나라로 인도해 가시는 것과 일맥상통한다. "그가 자기 백성은 양같이 인도하여 내시고 광야에서 양떼같이 지도하셨도다"(시 78:52).

하나님의 목양은 착한 행실 그 이상이며, 구원에 관한 것이다. 이러한 맥락에서 양을 치는 목자였던 다윗왕은 다음과 같이 기록하였다. "여호와는 나의 목자시니 내게 부족함이 없으리로다"(시 23:1).

다윗은 하나님께서 자신을 음침한 사망의 골짜기로부터 여호와 하나님의 처소에서 영원히 벌어지는 잔치로 인도해 가심을 찬양하고 있다. 즉 착한 행실에 대한 찬양이 아닌 구원하심에 대한 찬양인 것이다. 하나님의 목양은 단순히 인간적인 돌봄이 아니라 구원하시는 돌봄이다. 이는 곧 사람들을 구원하여 그분의 나라로 인도해 가시는 것이다!

따라서 성경에서 양떼를 돌보지 않는 이스라엘의 지도자들(선지자, 제사장, 왕)을 책망하시는 하나님을 볼 때, 그 문맥상 인간적인 선함이 결여된 이기심의 문제가 아니라는 것은 분명하다. 그들은 하나님의 말씀과 구원의 길을 가르치는 것을 소홀히 하였다. 그 결과 하나님의 백성들이 온갖 우상 숭배와 타락에 빠져 바벨론의 포로가 되었다. 에스겔 34장을 보면 하나님께서 그러한 목자들을 내치시고, 직접 오셔서 양떼를 이끄실 것을 약속하신다. 이 대목에서 하나님은 진정한 목양 사역이 무엇인지 아름답게 묘사하신다. 예수님과 바울의 사역에는 직접적인 영적 공통점 세 가지가 있다. 이는 오늘날 목양 사역으로 부름받은 모든 사람에게 동일하게 요구되는 것이다.

1. 복음 전도 사역

"찾고 … 건져낼지라. … 모아"(겔 34:11-13).

가장 먼저 하나님은 잃어버린 양들을 찾고, 그들을 위험에서 건져 내며, 하나님께로 이끌어 모으시는 사역에 대해 말씀하신다. 이것은 예수님의 사역에서도 찾을 수 있다. 실제로 예수님은 잃은 양 한 마리의 비유를 통해 동일한 사역을 묘사하셨다(눅 15:3-7). 바울 역시 예수님의 본을 따라 불타는 열정으로 세계 전도 사역과 교회 개척 사역을 감당하였다. 바울은 하나님이 택하셨으나 지금은 잃어버린 바 된 자들을 찾아 다녔다. 또한 하나님의 심판 아래에서 죄의 종노릇하는 사람들을 구하였다. 그리고 이 모든 사람을 하나님의 교회 안으로 이끌었다. 즉 그때나 지금이나 목양 사역은 찾고, 구하며, 이끌어 모으는 복음 전도 사역으로부터 시작하는 것이다.

2. 가르치는 사역

"먹이되 … 누워 있게 할지라. … 상한 자를 내가 싸매 주며"(겔 34:13-16). 하나님은 푸른 풀밭을 찾아내어 자신의 양떼를 먹이며 돌보실 것이고, 안전한 곳을 찾아 그들을 누이고 쉬게 하시며, 다친 양들을 싸매 주실 것이다.

하나님은 자신의 목양이 사람들을 먹이고, 쉬게 하고, 치료하는 것과 영적인 차원에서 유사하다고 말씀하신다. 예수님은 공개 토론이나 회당에서의 가르침, 소그룹 토론과 일대일 성경 상담 같은 다양한 말씀 사역으로 이 일을 감당하셨다. 그분은 목자 없는 양 같은 군중들을 긍휼히 여기시며 그들을 가르치셨다(막 6:34). 이러한 의미에서 예수님은 자신의 양떼를 좋은 것으로 먹이셨다고 할 수 있다. 하나님의 말씀은 우리의 영혼을 강건하게 하기 때문이다.

또한 그분은 "수고하고 무거운 짐 진 자들아 다 내게로 오라. 내가 너희를 쉬게 하리라"(마 11:28-29)고 말씀하시며 우리에게 영적으로 가장 이상적인 쉼을 허락하셨다. 하나님의 은혜가 담긴 말씀은 죄책감과 두려움이라는 무거운 짐으로부터 우리를 쉬게 하기 때문이다.

예수님은 지혜의 가르침으로 사람들을 육적, 영적으로 치료하셨다. 하나님의 말씀 안에 있는 온전한 교리는 우리의 인격과 관계 안에 있는 죄의 흔적을 서서히 치료한다.

궁극적으로 우리는 천국에서만 완벽하게 만족하고, 쉬며, 강건할 수 있다. 그러나 이 땅에서도 성경말씀을 배우며 성장해 갈 수 있다. 그래서 바울이 예수님의 본을 따라 가르치고, 에베소의 장로들 또한 동일한 사역을 하도록 격려하는 것이다. 그때나 지금이나 우리는 하나님의 말씀을 가르침으로 하나님의 양떼를 먹이고, 쉬게 하며, 치료한다.

이렇듯 구원하는 목양 사역이란 성경적 전도 사역과 가르치는 사역을 포함한다.

3. 감독하는 사역

"정의대로 … 심판하노라. … 구원하여"(겔 34:16-24).

고대 시대의 목자는 자신의 양떼를 감시할 의무가 있었다. 에스겔의 본문을 보면 힘센 양들은 약한 양들의 꼴을 짓밟고, 발로 마실 물을 더럽히며, 그들을 옆으로 밀어낸다. 그러나 하나님은 양과 양 사이에서 심판하시고, 약한 양들을 강하게 하셔서 모든 양떼를 정의롭게 먹이실 것을 말씀하신다. 이러한 묘사는 말 많고 드세며 항상 불만으로 가득 찬 성도들로부터 교회 안의 조용하고 약한 성도들을 보호하여 모든 성도가 공정한 대우를 받아야 한다는 영적인 필요성을 말해 준다. 예컨대 교회 안에 있는 돈 많은 부자의 요구를 들어주느라 노인, 미혼모, 장애인들이 무시당하는 경우가 있다. 예수님은 권세 있는 자들 앞에서 옳은 말 하는 것과 어린아이, 장애인, 소외당하는 자들을 환대하는 데 망설이는 법이 없으셨다. 바울 역시 우리에게 약한 사람을 도울 것을 상기시킨다(행 20:35). 즉 그때나 지금이나 목양 사역에는 지혜로운 판단과 긍휼히 여기는 마음에서 나온 보호가 동반되는 것이다. 이를 통해 하나님의 백성이라면 특히 말씀 사역을 통해 보살핌을 받아야 한다.

요약하자면 하나님의 목양 사역에는 성경적인 전도 사역, 가르치는 사역, 양떼를 감독(감시)하는 사역이 포함되며, 이 모든 것은 그들의 구원을 위한 것이다.

에스겔은 훗날 하나님이 다윗왕을 통해 그분의 백성들을 목양하실 것을 예언했다. 그래서 다윗의 자손 예수님은 자신이 양떼를 위해 십자가에 자기 목숨을 버리는 "선한 목자"(요 10장)라고 말씀하신 것이다. 에베소의 장로들을 비롯하여 주어진 양떼의 목자로 부름받은 모든 사람은 반드시 이처럼 그리스도의 양떼를 위해 희생해야 한다. '복음 전도'(찾고, 구하고, 모은다)와 '가르침'(먹이고, 쉬게 하고, 치료한다)과 '감시'(판단하고, 보호하며, 공평하게 분배한다)를 수행하며 자기 자신을 내주어야 한다.

근본적으로 복음 사역은 사람들을 '선한 목자'에게 인도하는 것으로 시작한다. '선한 목자'는 사람들에게 필요한 유일한 목자, 곧 예수님이다. 그렇다면 실질적으로 이 목양 사역을 제공하는 자는 누구일까?

장로, 목회자, 감독은 어떤 자들인가?

여기서는 매우 중요한 몇 가지 용어를 살펴보겠다. 바울은 장로들을 훈련시켰다. '장로'(Elder, 원어는 presbyter)란 촌락이나 회당에서 유래한 말로 '연장자들의 무리'를 의미했다(로마 가톨릭이나 고교회파는 이를 '사제'[priest]라고 잘못 번역했다).

그런데 바울은 하나님께서 이 사람들을 또한 '감독'(overseer, 원어는 episkopous. 종종 '주교'[bishop]라고 번역되기도 함)이라고 부르셨다고 말한다. 따라서 교회의 장로들은 감독자들이기도 하다!

교회의 리더들은 지역별(교구)로 나뉘어 각각의 책임을 감당하며, 디도처럼 교회의 리더들을 임명했다(딛 1장). 그들은 지역 교회 안에서 너무도 중요한 존재였다. 마치 오늘날 나이지리아에서 '감독 선교사'(missionary bishops)들이 잔인한 박해 속에서도 담대한 복음 전도로 수많은 사람을 그리스도께로 돌이키게 하는 것처럼 말이다. 그러나 이러한 지역별 교구 담당 리더들에게 '감독'으로서의 역할만 강조하면서 지역 교회의 리더십을 다스리는 중대한 책임을 없애 버리는 것은 옳지 않다. 리더들이 교회의 상황을 보살피지 못하여 방해가 되는 것도 옳지 않다. 본문에 비추어 보았을 때 지역 교회의 장로는 교회 목양에 대한 책임을 지닌 감독자임이 분명하다. 다시 말해 장로, 목회자, 감독의 리더로서 하나의 공통된 역할이 있다(다른 본문에 따르면 초대교회들은 이외에도 실질적인 섬김을 위해 '종'이나 '사역자'라는 뜻을 지닌 '집사'를 임명했다).

이 세 가지 중복되는 역할은 각각 다른 강조점을 가지고 있다. 어떤 사람들은 이것이 제사장, 선지자, 왕이라는 그리스도의 세 가지 직분에서 유래했다고 말한다. 놀랍게도 성경은 우리 모든 신자가 그리스도 안에 있는 특권으로 이 세 가지 직분에 참여한다고 선포한다. 그러나 오늘날의 교회 지도자들에게는 이러한 명칭을 부여하지 않는다. 따라서 지도자들은 그리스도인들의 본이 되기 위하여 지혜를 가지고 그리스도께 배워야 한다. 그리고 이 거룩한 호칭은 예수 그리스도 한 분께만 속한 것으로 여겨야 한다.

'장로'가 되는 것은 지혜로운 의사 결정으로 성도들을 이끌 권위가 있음을 말한다. '목회자'가 된다는 것은 성경적인 복음 전도 사역을 수행할 책임이 있음을 말한다. '감독'이 된다는 것은 교회를 잘 다스릴 책임이 있다는 것을 뜻한다. 예컨대 그들은 교회의 비전을 따라 직원을 배치하고 재정을 사용해야 한다. 리더들을 모아 훈련시키고, 사역팀을 꾸리며, 모든 민족을 그리스도의 제자로 삼는 전략을 개발해 내야 한다. 각각의 지역 교회 지도자들은 불가피하게 자기 목양 사역 안에서 강점과 약점을 가지고 있다. 따라서 그리스도를 닮은 장로, 목회자, 감독의 사역에서 겸손하게 스스로를 돌아보며 자신의 약점을 인식하여, 서로 보완해 줄 수 있는 공동체를 만들어 도움을 받는 것이 매우 중요하다.

장로, 목회자, 감독은 무엇을 하는가?

사도 베드로는 자신을 따르는 장로들에게 네 가지 행동 지침에 따라 하나님이 맡겨 주신 양떼를 잘 돌보라고 호소하였다(벧전 5:1-4).

1. 감독하라

장로들은 교회의 안녕을 위해 반드시 공동의 책임을 받아들여야 한다. 이 책임은 여러 장로가 분담할 수 있다. 이를테면 특수 사역이나 분과 위원회를 통해서다. 그러면서도 장로들은 교회가 분열되지 않도록 애써야 한다. 또한 자신의 책임 영역에 해당되지 않는 사람들에게도 관심을 가져야 한다. 이처럼 장로들은 공동의 감독 영역을 가진다.

2. 의무가 아닌 자원하는 마음으로 섬기라

장로들은 어쩔 수 없이 일하며 자기를 불쌍히 여기지 말고, 놀라운 특권이라 생각하며 기쁘게 섬겨야 한다. 물론 그들은 분주함 가운데서 스트레스를 받을 것이다. 장로로 섬기고 싶지 않은 자들이 불평불만을 늘

어놓아서 그리스도의 백성들을 지도하는 특권을 더럽히면 안 된다. 장로로 섬기고 싶지 않은 자들은 반드시 사임하거나 잠시 쉬어야 한다.

3. 불의한 이익이 아닌 섬김에 대한 열정으로 임하라

장로들은 스스로 소심하여, 받는 자보다 주는 자가 되어야 한다. 교회에서 무언가를 끌어모으는 자가 아닌 교회에 기여하는 자가 되어야 하는 것이다. 특히 교회의 존경과 삯을 받는 유급 사역자들은(딤전 5:17-18) 교회 상황에 비해 더 안정적인 생활을 꿈꾸며 불평하고 욕심부리는 것에 대해 회개해야 한다.

이스라엘 백성들은 사무엘 선지자에게 "당신이 우리를 속이지 아니하였고 압제하지 아니하였고"(삼상 12:4)라고 말했다. 느헤미야는 "나와 내 형제들이 총독의 녹을 먹지 아니하였느니라"(느 5:14)라고 말했다. 또한 바울은 "여러분이 아는 바와 같이 이 손으로 나와 내 동행들이 쓰는 것을 충당하여"(행 20:34)라고 말했다. 장로, 목회자, 감독은 "주는 것이 받는 것보다 복이 있다"(행 20:35)고 한 바울처럼 섬겨야 한다.

4. 큰소리치지 말고 본을 보이라

장로들은 자신의 위치나 권위를 사용해서 누군가를 지배하려 들거나 높아지려 하면 안 된다. 오히려 겸손한 모습으로 자신이 가르치는 것들에 대해 좋은 본을 보여야 한다. 우리가 섬기는 교회가 서양 문화권이든 동양 문화권이든 아프리카 문화권이든, 모든 교회 지도자는 반드시 자만, 허영심, 권력 남용에 대해 회개해야 한다. "인자가 온 것은 섬김을 받으려 함이 아니라 도리어 섬기려"(막 10:45) 하는 것이었기 때문이다.

이와 같은 원리에 따라 교회를 이끄는 장로, 목회자, 감독에게 베드로는 놀라운 위로의 말을 건넨다. "그리하면 목자장이 나타나실 때에 시들지 아니하는 영광의 관을 얻으리라"(벧전 5:4).

불충한 목자들 때문에 상처 입은 자기 양떼를 우리의 목자장께서 안으시고, 그 앞에 목자들이 서 있다고 생각해 보라. 이 얼마나 끔찍한 일인가! 반대로 영적으로 안전하고, 건강하며, 영양 상태가 좋은 양떼를 그분께 보여 드리는 기쁨도 상상해 보라! 그리고 우리의 완벽하고 영원한 장로, 목회자, 감독이신 예수 그리스도로부터 받게 될 영광의 면류관을 상상해 보라!

질문과 적용

"하나님의 말씀을 너희에게 일러 주고 너희를 인도하던 자들을 생각하며 그들의 행실의 결말을 주의하여 보고 그들의 믿음을 본받으라. … 너희를 인도하는 자들에게 순종하고 복종하라. 그들은 너희 영혼을 위하여 경성하기를 자신들이 청산할 자인 것같이 하느니라"(히 13:7, 17).

당신이 속한 교회의 장로, 목회자, 감독을 위해 기도하는 시간을 가지십시오. 이 장에서 살펴본 방식에 따라 그들이 목양 사역을 잘 감당할 수 있도록 기도하십시오.

교회 성장 DNA

> 당신이 섬기는 교회와 사역에서 어떤 분야의 목양 사역이 가장 시급하게 다루어져야 한다고 생각합니까? 그 약점들을 깨닫고 보완할 수 있도록 기도하는 시간을 가지십시오.

교회를 보살피라

예수님께서 교회를 매우 귀하게 여기신다

14

"하나님이 자기 피로 사신 교회"(행 20:28).

교회에 모인 사람 대부분은 지극히 평범하고, 연약하고, 상처 입은 자들이다. 그래서 하늘과 땅을 창조하신 하나님이 우리 때문에 참 골머리가 아프시겠다는 생각을 할 때도 있다.

어쩌면 하나님은 자신의 영광과 능력이 좀 더 감동적으로 나타나는 것을 좋아하시지 않을까? 교회가 A급의 유명 인사나 슈퍼스타들로 채워지고, 유명 영화제나 챔피언스리그보다 더 화려한 방식으로 그분의 영광과 능력이 드높여지는 것을 원하시지는 않을까?

그러나 성경이 분명히 선언하는 것은 하나님께서 지극히 평범하고 연약한 교회를 뜨겁게 사랑하신다는 사실이다. 그리스도의 죽음을 통해 만물이 그리스도께 나오게 된다. 이러한 하나님의 영원한 계획을 성취하며, 그분의 놀라운 능력을 드러내는 곳이 바로 교회다. 교회에 출석하는 교인들이 별로 대단해 보이지 않고, 교회에서 연주되는 음악도 듣기 거북하며, 건물도 낡아 빠졌을 수 있다. 그럼에도 교회는 하나님 나라의 신비의 원천이며, 천상에 속한 하나님의 백성이자, 온 열방의 축제를 맛보게 해 주는 기적의 장소다.

천상의 교회가 셀 수 없이 무수한 지역 교회 안에 나타나는 것은 예수님의 특별한 계획이다. 베드로가 예수님이 "그리스도시요 살아 계신 하나님의 아들"이심을 고백하였을 때, 예수님은 베드로에게 다음과 같이 말씀하셨다.

내가 이 반석 위에 내 교회를 세우리니 음부의 권세가 이기지 못하리라 (마 16:18).

베드로와 예수님의 대화를 통해 우리는 다음의 사실을 확인할 수 있다. 첫째, 예수님이 "내가 … '내' 교회를 세우리니"라고 말씀하셨듯이 모든 교회는 예수님께 속한다. 둘째, 예수님이 "내가 … 내 교회를 '세우리니'"라고 약속하신 것처럼 모든 교회는 예수님에 의해 세워진다. 셋째, "내가 '이 반석 위에' 내 교회를 세우리니"라는 예수님의 말씀처럼 모든 교회는 예수님에 관한 복음 위에 세워진다(복음 되신 예수님이 교회의 근간이다). 넷째, 예수님이 "음부의 권세가 '이기지 못하리라'"고 확언하신 것처럼 모든 교회는 예수님에 의해 유지된다. 다시 말해 예수님은 지옥의 권세가 하나님의 백성들이 천상의 교회에 이르는 것을 막을 수 없다는 사실을 보증하셨다.

예수님은 도대체 왜 교회를 친히 사시고, 세우시고, 지탱하시며, 보존하실 것을 이토록 결연하게 약속하신 것일까?

바울은 에베소교회에 보낸 편지를 통해 예수님께 속한 교회의 영광을 이야기하며 그에 대한 답을 제시한다. 이를 위해 바울은 특별히 '예수님의 몸'(body), '건물'(building), 그리고 '신부'(bride)라는 세 가지 영광스러운 이미지를 사용한다.

모든 교회는 머리이신 그리스도의 몸이다

"또 만물을 그의 발 아래에 복종하게 하시고 그를 만물 위에 교회의 머리로 삼으셨느니라"(엡 1:22).

예수 그리스도께서는 '만물의 통치자', 혹은 '머리'로 기름부음 받으셨다. 그리고 놀랍게도 이와 같은 그리스도의 통치권은 '교회를 위한 것'이다. 한편 바울은 성도들로 구성된 천상의 교회를 '머리이신 그리스도의 몸'이라고 묘사했는데(엡 1:22-23), 이는 다음과 같은 놀라운 중요성을 지닌다.

1. 그리스도께서 그분의 몸 된 교회를 다스리신다

바울은 다른 성경구절에서 성도들이 서로에 대한 책임을 공유하는 몸의 지체와 같다고 이야기한 바 있다. 그리고 이 본문에서는 몸, 즉 교회의 머리가 바로 그리스도이시며, 그분은 우리의 영적 유익을 위해 온 우주와 교회(교회 리더들을 포함)를 다스리신다는 사실을 강조한다.

2. 그리스도께서 교회와 연합하신다

머리는 인간의 몸이 하나의 단일체로 기능하도록 자극을 주고, 다스리며, 지도한다. 이처럼 그리스도께서는 교회의 머리이시며, 모든 교회를 하나 되게 하는 통치자이시다. 이러한 점에서 바울은 예수님의 죽음을 이렇게 설명한다. "법조문으로 된 계명의 율법을 폐하셨으니 이는 이 둘로 자기 안에서 한 새 사람을 지어 화평하게 하시고 또 십자가로 이 둘을 한 몸으로 하나님과 화목하게 하려 하심이라. 원수 된 것을 십자가로 소멸하시고"(엡 2:15-16).

다시 말해 그리스도께서 우리 죄를 위해 죽으신 이유는 교회 공동체 안에 새로운 인류를 창조하시기 위함이었다. 곧 유대인과 이방인처럼 모든 인종적, 사회적 구분이 사라지고 오직 그리스도의 죽음을 의지하며 하나를 이루는 새로운 인류 말이다.

결국 교회 내부와 교회 사이가 연합하는 방법은(교회 지도자들의 전략이나 수고가 아닌) 오직 십자가의 복음이다.

3. 그리스도께서 교회와 자신의 유업을 나누신다

성도들의 연합은 화기애애한 사교 모임 그 이상이다. "이는 이방인들이 복음으로 말미암아 그리스도 예수 안에서 함께 상속자가 되고 함께 지체가 되고 함께 약속에 참여하는 자가"(엡 3:6) 되는 것이기 때문이다. 즉 모든 이방인이 하나님을 믿는 이스라엘 백성에 접붙여진 것이며, 그리스도 안에 주어진 모든 복을 공유하는 한 몸의 일원이 된 것이다.

에베소서에서 사용된 '몸'이라는 이미지는 그리스도께서 우리를 다스리시고 연합하게 하실 뿐 아니라 우리와 모든 복을 나누신다는 것을 강조하기 위해 사용되었다. 이것은 바로 우리 모두가 그분의 몸 안에서 새로운 인류의 일원, 곧 교회가 되었기 때문이다! 따라서 그분의 '몸'이 된다는 것은 곧 '하나 됨을 지켜 나갈 것에 대한 도전'이다!

물론 우리가 지닌 문화적, 개인적 성향은 다양하다. 하지만 그리스도의 몸 된 우리의 하나 됨에는 "평안의 매는 줄로 성령이 하나 되게 하신 것을 힘써 지키라"(엡 4:3)는 의무가 따라온다. 다른 말로 하면, 복음 사역에서 실질적인 협력을 통해 우리의 영적 하나 됨을 드러내야 한다는 것이다(이는 반드시 조직적으로 하나가 되어야 함을 이야기하는 것은 아니다). 우리의 죄악된 이기심은 서로에게 적개심을 품게 하고, 분열되게 한다. 그러나 하나님의 능력은 지역 교회를 하나 되게 하고, 협력하게 한다. 실제로 에베소교회를 향한 바울의 편지 전체는 곧 분열을 조장하는 사탄의 계략에 좌절하지 말고 굳게 서서, 세계 선교 사역을 감당하라는 요청이다(에베소서 6장에 기록된 하나님의 전신갑주를 입으라는 바울의 요청에서 최고조에 이른다).

모든 교회는 그리스도를 모퉁잇돌로 삼은 건물이다

바울은 지역 교회를 '살아 계신 하나님이 거주하시는 성전'이라고 표현했다.

그러므로 이제부터 너희는 … 하나님의 권속이라. 너희는 사도들과 선지자들의 터 위에 세우심을 입은 자라. 그리스도 예수께서 친히 모퉁잇돌이 되셨느니라. 그의 안에서 건물마다 서로 연결하여 주 안에서 성전이 되어 가고 너희도 성령 안에서 하나님이 거하실 처소가 되기 위하여 그리스도 예수 안에서 함께 지어져 가느니라(엡 2:19-22).

에덴동산의 아담과 하와에게 주어진 가장 위대한 복은 그들과 함께하시며 그들에게 말씀하시는 하나님의 임재였다. 이스라엘에 주어졌던 가장 놀라운 복 역시 하나님이 그들의 주가 되시고, 초기에는 운반이 가능했던 성막으로, 이후에는 예루살렘에 솔로몬이 건축한 웅장한 성전으로 그들과 함께하셔서 그들의 기도를 들으시며, 그들의 죄를 사하시고, 그들을 율법으로 인도해 주신 것이었다.

이스라엘 백성이 바벨론에서 포로 생활을 시작했을 때 선지자 에스겔은 새롭고 완전한 성전, 곧 하나님의 복이 흘러나와 바다와 같이 충만하여 땅끝에 이를 때까지 넘쳐흐르는 원천을 약속했다. 그리고 이 약속은 우리 가운데 '성전'으로 오신 예수님, 즉 육신을 입고 하나님의 성전으로 이 땅 위에 오셔서 죽임당하셨다가 사흘 만에 부활하신 예수님 안에서 성취되었다(요 1:14, 2:19).

오늘날에도 하나님은 성령님을 하나님의 모든 백성 안에 거하게 하심으로써 우리와 함께하신다. 다시 말해 우리를 하나님의 성전으로 삼으심으로 우리와 함께하신다(고전 3:16, 6:19). 따라서 그리스도인들이 교회에 모일 때 "우리는 살아 계신 하나님의 성전"(고후 6:16)이 된다. 두세 사람이 예수 그리스도의 이름으로 모인 곳에 그분도 함께하실 거라고 말씀하셨기 때문이다. 그래서 교회가 크든 작든, 모든 교회는 이 영광스러운 특권을 지닌다. 모든 그리스도인과 모든 지역 교회는 살아 계신 하나님이 거하시는 곳이다!

사실 "권속"(엡 2:19)이라는 단어는 교회가 하나님의 가족임을 나타낸다. 하나님 아버지께서 그리스도 안에서 우리를 그분의 자녀이자 상속자로 삼으셨다.

우리는 그분의 자녀이기에 기도로 하나님과 지속적인 교제를 나눈다. 하나님은 우리를 사랑하시고, 훈계하시며, 우리를 보호하신다. 그리고 우리는 다른 이들을 형제자매로 여기며, 거룩함 안에서 그들과 교제를 나눈다. 나이 많은 그리스도인들을 부모처럼 여기며 존경을 표하고, 어린 그리스도인들을 자녀처럼 여기며 사랑을 전해 주면서 말이다. 그러므로 예수 그리스도 안에서 지어져 가는 건물이 된다는 것은 '거룩 안에서 자라 가야 한다'는 도전이다!

함께 지어져 가는 이 가정, 곧 교회는 우리 아버지의 거룩하심(하나님의 신적 특성으로 고유하고 은혜로운 정결함)을 닮아야 한다. "그의(예수) 안에서 건물마다 … 주 안에서 성전이 되어 가고"(엡 2:21).

낡고 버려진 건물을 수리하며 리모델링을 해 나가는 것처럼, 우리 역시 하나님에 의해 영적으로 수리되고 새롭게 단장되어 말 그대로 '파격적인 변신'을 하게 된다. 즉 교회는 아무 이유 없이 하나 된 것이 아니라, 하늘에 계신 우리 아버지께서 거룩하신 것처럼 우리도 그분을 닮아 가기 위해 하나가 되었다는 사실을 반드시 유념해야 한다.

모든 교회는 신랑이신 그리스도의 신부다

바울은 그리스도와 교회의 관계가 하나님께서 우리에게 허락하신 결혼의 모델이라는 점을 강조한다.

아내들이여 자기 남편에게 복종하기를 주께 하듯 하라. 이는 남편이 아내의 머리 됨이 그리스도께서 교회의 머리 됨과 같음이니 그가 바로 몸의 구주시니라. 그러므로 교회가 그리스도에게 하듯 아내들도 범사에 자기 남편에게 복종할지니라. 남편들아 아내 사랑하기를 그리스도께서 교회를 사랑하시고 그 교회를 위하여 자신을 주심같이 하라. 이는 곧 물로 씻어 말씀으로 깨끗하게 하사 거룩하게 하시고 자기 앞에 영광스러운 교회로 세우사 티나 주름 잡힌 것이나 이런 것들이 없이 거룩하고 흠이 없게 하려 하심이라. 이와 같이 남편들도 자기 아내 사랑하기를 자기 자신과 같이 할지니 자기 아내를 사랑하는 자는 자기를 사랑하는 것이라. 누구든지 언제나 자기 육체를 미워하지 않고 오직 양육하여 보호하기를 그리스도께서 교회에게 함과 같이 하나니 (엡 5:22-29).

하나님은 교회를 향한 그리스도의 뜨거운 헌신을 우리가 쉽게 이해할 수 있도록 결혼이라는 언약을 만드셨다.

1. 그리스도께서 우리를 사랑하신다

그리스도는 우리를 위해 모든 것(그분 자신)을 희생하셨다. 이로써 영적으로 우리를 천국으로 인도하신다. 또한 사랑과 기쁨이 넘치는 친밀함으로 우리와 영적으로 결혼하신다. 뿐만 아니라 마치 순백의 신부처럼 우리를 그분의 정결하고 거룩하며 죄 없는 삶 안에서 흠 없게 하신다.

2. 그리스도께서 우리의 필요를 공급하신다

사람이 자신의 몸을 위하는 것처럼 예수님은 우리의 필요를 채우시며 돌보신다. 사려 깊은 남편이 아내에게 필요한 것을 귀 기울여 듣고, 이해하며, 공급하는 모습을 상상해 보라. 이와 같이 예수님도 우리의 필요를 언제나 친밀함 가운데 공급하신다.

3. 그리스도께서 우리와 하나가 되신다

우리는 "그 몸의 지체"(엡 5:30)다. 예수님은 우리가 어느 곳에 가든지 함께 가시고, 우리가 느끼는 모든 것을 아시며, 우리와 모든 것을 함께하신다.

남편과 아내의 영적, 감성적, 성적인 연합은 그리스도께서 우리와 얼마나 친밀하시며 그분이 우리에 대해 얼마나 깊이 알고 계신지 가늠하게 한다. 결혼하지 않은 이들은 이 땅 위에서 그러한 연합 관계를 경험하지 못할 수 있다. 그러나 우리 모두는 이 땅에서의 결혼이 줄 수 있는 최고의 사랑 그 이상의 친밀함을 그리스도 안에서 경험하게 될 것이다. 따라서 우리가 예수 그리스도의 신부가 된다는 것은 '신랑 되신 예수님께 순복해야 한다'는 도전이다!

아내가 남편에게 기쁘게 순종해야 하듯이 우리 역시 그리스도의 사랑에 반응해야 한다. "아내들이여 자기 남편에게 복종하기를 주께 하듯 하

라. … 교회가 그리스도에게 하듯 아내들도 범사에 자기 남편에게 복종할지니라"(엡 5:22, 24).

모든 교회는 그리스도의 말씀, 곧 성경에 기쁘게 순종해야 한다. 우리의 순종을 요청하시는 분은 우리가 사랑하는 남편이시기 때문이다. 그리스도의 말씀이 우리의 문화적 요구와 충돌할 때, 순종은 우리에게 매우 큰 도전이 된다. 하지만 그러한 도전 속에서도 우리는 성경을 신뢰하고 복종하며 우리의 남편이신 그리스도에 대한 사랑을 입증해야 한다.

지금까지 지역 교회에 대한 세 가지 아름다운 이미지를 살펴보았다. 곧 머리 되신 그리스도의 통치 아래 있는 몸, 그리스도를 모퉁잇돌로 둔 건물, 그리고 다정한 남편이신 그리스도의 신부다. 이 이미지들은 그리스도께서 모든 지역 교회의 중심에 계셔야 한다는 사실을 강조한다. 온 세상에 이 결혼 서약을 선포하신 분이 바로 예수 그리스도 아닌가!

"내가 … 내 교회를 세우리니"(마 16:18).

질문과 적용

1. 이 장을 읽으면서 어떤 도전을 받았습니까? 당신이 속한 교회가 더욱 소중하게 느껴지도록 감당해야 할 일은 무엇입니까?

2. 교회의 모든 성도가 당신과 비슷한 수준으로 교회에 출석하고, 구제하고, 사랑하고, 헌신하고, 기도한다면 당신의 교회는 얼마나 건강하다고 할 수 있습니까?

교회 성장 DNA

> 하나 됨, 거룩함, 순종 중에서 당신이 사역하고 있는 교회에 가장 시급하게 가르쳐야 할 주제는 무엇입니까? 그 주제를 어떻게 다루어야 합니까?

십자가 복음을 선포하라
그리스도의 피가 우리를 죄에서 속량했다

15

"하나님이 자기 피로 사신 교회를"(행 20:28).

    성경을 가르치는 모든 교회에서 '그리스도의 죽음'이라는 주제는 중요한 정도를 넘어 모든 것의 중심이며 핵심이다. 그리스도의 자기희생과 피 흘리심은 그분의 측량할 수 없는 영광에 대한 궁극적 계시이자 역사의 전환점이며, 성경 전체를 포괄하는 핵심이라고 할 수 있다. 실제로 성경 처음에 등장하는 에덴동산의 '생명나무'와 성경의 맨 끝부분의 새 창조에 나타나는 '생명나무'는 성경의 심장이라 할 수 있는 나무 십자가를 상징한다!

    앞에서 우리는 그분의 몸 된 교회에서 그리스도는 머리이시고, 그분의 십자가는 심장이라는 사실을 살펴보았다. 즉 그분의 은혜의 혈액을 펌프질하여 가르침이라는 교회의 혈관으로 흐르게 함으로써 그분 몸의 모든 기관과 팔과 다리를 생동하게 하는 심장 말이다. 그렇기 때문에 그리스도의 죽음은 그냥 중요한 정도가 아니다. 우리 기독교 신앙의 중심이며 핵심이다.

바울은 에베소교회를 그분의 피로 사신 교회라고 묘사하면서 에베소교회의 지도자들에게 가장 위대한 십자가의 교리를 상기시켰다. 이 표현은 분명 매우 세심하게 선택된 단어임이 틀림없다. 각 단어의 특별한 의미를 살펴보자.

"사신"은 종의 상태에서 해방되었음을 뜻한다

"사신"(bought)이라는 말은 노예 시장에서 유래한 단어다. 이는 죄에 대한 우리의 종노릇과 탐닉으로부터 우리를 자유하게 하거나 '구속'하기 위해 지불하신 몸값을 의미한다. 여기서 종노릇은 하나님에 대한 반역(교만이나 불신)이나 우상 숭배(경력, 지위, 편안함, 쾌락, 가족, 안정, 나 자신, 인기 등에 대한 숭배)를 말한다.

구약성경은 이 구속을 출애굽기 12장 내용, 곧 이집트에 종노릇하던 이스라엘 민족의 이야기로 설명해 준다.

하나님은 자기 백성들에게 양을 잡고 그 피를 문설주에 발라서 각자의 죗값, 즉 죽음이 이미 치러졌음을 표시하게 하셨다. 이러한 행위는 하나님의 정의를 만족시키면서도 그분의 진노를 피해 가게 해 준다. 그 진노는 그들의 첫째 아들을 죽게 하는 것이었다.

이 유월절 희생을 통해 하나님은 이스라엘을 심판과 이집트의 노예 생활로부터 자유하게 하셨다. 그리고 이스라엘 백성의 출애굽 사건을 통해 우리 대신 피 흘리신 예수님이 우리를 위한 유월절 희생이라는 것을 알게 하셨다. 마치 피뢰침이 번개를 끌어들이는 것처럼, 예수님은 우리를 향해 내리치는 하나님의 진노를 그분 자신에게 내리치게 하셨다. 이를 통해 우리는 하늘의 상속자가 되어 하나님의 진노하심 앞에서 살아남게 되었다.

예수님은 그분의 피(죽음)로 우리의 죗값을 완벽하게 지불하셨다. 그렇게 대가를 치르고 자유를 사서 우리에게 주셨다. 그리고 하나님의 진노 아래 있는 비참한 종살이를 마치고 사탄의 정죄와 하나님의 율법의 요구에서 자유하게 하셨다. 우리는 그분의 피로 "사신" 바 되었다. 우리는 이제 자유다!

"피"는 그분의 희생으로 깨끗해짐을 뜻한다

"피"(blood)라는 단어는 성전에서 유래되었다. 레위기 16장을 보면, 피로 드리는 제사는 속죄일에 성전에서 드리는 예식의 가장 중요한 순서였다. 이는 유월절 피의 의미가 발전된 것이다. 성전 안에서 이스라엘의 죄는 하나님 앞에 추하고 더러운 것으로 여겨졌다. 이에 대제사장이 염소를 잡아 그 피로 하나님께 제사를 드림으로써 백성들의 죄에 대한 심판이 이미 치러졌음을 보였다. 그 후에 대제사장은 또 다른 염소를 데리고 와서 안수하며 백성들의 죄를 고하고, 그대로 광야에 풀어놓아 죽게 했다('아사셀 염소'라고 한다).

이 과정을 통해 이스라엘 백성들은 깨끗하고 흠 없게 되며 하나님의 임재 앞에 거할 수 있었다. 이 두 번에 걸친 희생 제사는 예수님의 죽음의 두 가지 측면을 설명하기 위해 고안되었다.

그리스도의 피는 하나님의 정의를 만족시키는 동시에 우리의 죄책을 씻어 낸다. 신학적으로 이를 각각 '화해'와 '화목 제물'이라고 말한다. 우리는 이 둘 모두를 기쁘게 찬양한다.

만일 우리가 십자가 위에서 우리 죄를 위해 쏟으신 예수님의 피에 의지한다면 하나님은 우리를 깨끗하고 흠 없게 여기시며, 우리와 함께 거하실 것이다. 우리는 예수님의 피로 '씻긴' 존재들이다. 우리는 이제 깨끗하다!

"자기 피로"는 하나님께 용납되었음을 뜻한다

"자기 피로"(his own blood)라는 놀라운 표현은 말 그대로 예수님의 피를 의미한다. 즉 하나님의 피 흘림이 아닌(하나님은 영이시다) 육신을 입으신 예수님의 피 흘림을 뜻한다. 그분의 피 흘림은 우리가 한 번도 살아 본 적 없는 완벽한 삶을 완성하셨고, 그로써 우리는 천국에 들어갈 수 있게 되었다. '하나님 자신'(God's own)이라는 말은 헨델의 '메시아'(Messiah) 때문에 더 유명해진 표현으로, 성경말씀 중 하나님의 "의로운 종"인 예수 그리스도를 암시하는 듯하다.

"그가 찔림은 우리의 허물 때문이요 … 나의 의로운 종이 … 많은 사람을 의롭게 하며"(사 53:5, 11, 이 표현과 이사야서가 직접적인 관계가 없다 해도, 허물 많은 죄인이 그리스도를 믿는 은혜로 말미암아 의롭게 된다는 이 놀라운 진리는 로마서 3-5장을 포함하여 성경 안에서 수차례 설명되고 있다).

이 용어는 주로 법정에서 사용되었다. 당시 법정에서 죄는 하나님의 율법을 따라 의롭게 사는 데 실패한 것을 말한다. 이사야는 하나님의 의로운 종이 나타나 자기 백성을 의롭다 하시는 하나님의 선언, 곧 '칭의'(justification)를 위해 의로운 삶을 사실 것이며, 이를 통해 많은 사람을 의롭게 할 것이라고 예언했다.

우리가 고난받는 종의 피를 믿는다면 하나님은 그리스도의 의로움 안에서 우리를 용납하시고, 의롭다 칭하시며, 하나님의 임재 안에서 살게 하실 것이다. 이에 대해 조금 더 자세히 이야기해 보자.

최근에 나는 어느 컨트리클럽에서 열린 제임스 본드 생일 파티에 초대받았다. 그 파티에 참석하는 모든 남자는 턱시도와 함께 검은 넥타이를 매고 가야 했다. 그런데 내 정장은 더럽고 손상된 데다 사이즈도 맞지 않았다! 하지만 다행히 친구가 빌려 준 깨끗한 새 턱시도를 입고 파티에 갈 수 있었다.

이와 비슷하면서 좀 더 심각한 비유를 들어 보겠다. 우리는 하나님처럼 거룩하고 의롭지 않은 이상 지금은 말할 것도 없고 천국에서도 하나님과 함께 살 수 없다. 그러나 다행히도 그분의 놀라운 은혜로 말미암아 우리에게 요구된 의로운 삶을 대신 살아 내기 위해 예수님이 오셨다. 그리고 우리를 대신하여 십자가 위에 피를 쏟으신 그분의 "다 이루었다!"라는 승리의 부르짖음과 함께 의로운 삶을 완성하셨다. 이제 우리는 그리스도께서 이미 부활하시고 승천하셨기에(롬 4:25) 그분의 삶을 통해 우리가 하나님 앞에 설 자격을 얻었다는 사실을 분명히 안다!

바울이 말하는 '그분의 피'는 예수님을 통해 우리를 하나님의 임재 앞에 서게 해 주는 완성된 의를 의미한다. 오직 예수님의 피로 인하여 우리는 하나님 앞에 온전하고, 완벽히 의로운 자로 받아들여진 것이다!

십자가로 인해 우리는 하나님의 소유가 되었다

"하나님이 자기 피로 사신"이라는 말은 그 피 흘림으로 인해 하나님의 백성들에 대한 죗값이 치러졌다는 사실을 분명하게 보여 준다. 여기에는 두 가지 놀라운 진리가 담겨 있다.

1. 예수님은 자기 백성을 위해 죽으셨다

이는 예수님의 죽음이 하나님께서 택하신 천상의 교회에 들어갈 특정인들을 위한 것이었음을 의미한다(이를 '부분 속죄', 혹은 '제한 속죄'라고 부른다). 어떤 사람은 이런 말이 예수님의 죽으심에 한계가 있는 것처럼 들린다고 염려하기도 한다. 하지만 절대 그렇지 않다. 우리의 왕이신 그리스도의 죽음은 그분의 모든 백성에게 조금도 부족함 없이 완벽하다. 즉 예수님의 죽으심의 효력에는 제한이 없다.

그렇다고 해서 예수님이 문자 그대로 모든 사람의 죄를 위해 죽으셨다고 말하는 것은 사실이 아니며 사람들을 하나님께로 인도하는 데 그다지 도움이 되지도 않는다(만약 그렇다면 왜 예수님이 어떤 사람들은 지옥에서 고통받게 될 것이라고 가르치셨겠는가? 모든 사람에 대한 처벌을 예수님께서 이미 받으셨다면, 이런 가르침은 불필요하고 공평하지도 않다). 17세기의 존 오웬(John Owen)이나 우리 세대의 제임스 패커(James Innell Packer) 같은 위대한 신학자들은 이 주제에 대해 성경이 어떻게 말하는지 분명하게 이야기한다. 즉 비록 구원받을 만한 사람은 아무도 없지만 예수님은 모든 사람이 아닌, 모든 자기 백성을 위해 죽으셨다(예수님은 이를 요한복음 6장 36-44절에서 명백하게 확증하신다. 행 13:38-39; 엡 1:4-5; 롬 8:29-30 참조). 로마서 9장에서 바울은 구원의 택함을 입었다는 사실이 우리를 한없이 겸손하게 한다고 설명한다.

2. 우리는 예수님의 죽음으로 말미암아 구원받았다

이는 우리가 받은 구원의 성취와 보증이 그리스도의 죽음 때문이지 우리의 믿음 때문이 아니라는 것을 의미한다. 우리는 십자가에 달리신 예수님으로 말미암아 완전한 대속을 받았다. 즉 예수님은 사람들이 어리석어서 자신이 완성한 일을 제대로 이해하지 못할까 봐 염려하시며 십자가 위에서 돌아가신 것이 아니다.

그분은 하늘에 앉아서 초조함과 불안함에 손톱을 뜯으며 우리가 그분을 믿기만을 간절히 바라시거나, 성령님이 우리를 제대로 감화하는지 감시하는 분이 아니다. 예수님이 우리를 위해 죽으심으로 우리는 완벽하게 구원받았다. 그분의 죽음은 자기 백성들을 구원하신다는 의미에서 효과적이다. 그 십자가 위에서의 죽음 말이다!

혹자는 이렇게 주장하기도 한다. "예수님의 죽음은 십자가에서 모든 사람에게 온전히 주어졌지만, 사람들의 믿음을 통해 효력이 생깁니다."

이러한 주장은 우리가 믿기 전까지는 구원이 불확실하다는 것처럼 들린다. 그러나 "사신"(bought)이라는 바울의 표현은 십자가 위에서 우리가 이미 구속되었음을 확증한다. 우리의 구원은 예수님의 죽음으로 인해 성취되고 보증된 것이다. 물론 이 구원은 복음으로 말미암아 그분을 믿게 하시는 성령님의 부르심을 통해 우리의 경험으로 적용된다.

보다 분명하게 밝히자면 이것은 '예수님이 죽으신 그때 이미 실재가 되었다.' 그 후 우리의 구원에 기여하는 모든 것은 우리를 위한 그분의 죽음의 결과다. 다시 말해 우리가 다른 사람들보다 더 많은 믿음을 가져서 구원받는 것이 아니다. 우리는 다만 예수님의 죽음으로 말미암아 구원받는 것이다.

'교환'(swap)은 예수님의 죽으심의 모든 부분을 관통하는 단순하고도 영광스러운 주제다. 또한 우리가 영원히 선포하고 찬양해도 부족함이 없는 주제다. 이 교환에는 두 가지 측면이 존재한다. '예수님이 우리 죄를 위해 형벌을 받으셨다는 것'(형벌적 대속론)과 '그 결과 우리가 마치 그분이 된 것처럼 실질적인 하나님의 아들로 대해지고 하나님의 가족으로 받아들여지게 된 것'(이신칭의)이다. 이 두 측면에 대한 재발견은 유럽 종교개혁의 영적인 갱신과 전 세계의 복음 사역에 불을 지폈다. 지금 이 시간, 우리도 우리와 자리를 바꿔 주신 주님을 진심으로 찬양하며 '교환'의 은혜를 재발견하자!

빌 집사님의 영웅적인 사례는 이 '교환'을 설명하는 좋은 예라고 할 수 있다.

빌 집사님은 스코틀랜드 최북단에 위치한 셰틀랜드 섬의 해양구조 헬기의 윈치 담당자였다. 1997년 11월에 '그린 릴리'라는 화물선이 암초에 부딪혀 집채만 한 파도에 난파된 일이 있었다. 구명보트로는 더 이상 난파된 화물선 갑판에 갇힌 선원들을 구할 수가 없었다. 빌 집사님은 사람들을 구조할 유일한 방법은 오직 자신이 헬기를 타고 배 위로 직접 내려가는 것뿐임을 깨달았다. 태풍이 몰아치는 가운데 갑판에 내려온 빌 집사님은 선원을 열 명씩 윈치로 연결하여 안전하게 헬기로 이동시켰다. 그러나 마지막 사람을 구조하던 중 빌 집사님은 배와 함께 파도에 삼켜졌고, 며칠 후에야 그의 시신이 발견되었다. 그 일로 인해 그는 사후에 '조지 십자 훈장'을 받았다. 폭풍 한가운데에서 그는 선원들과 자신의 위치를 바꾸기 위해 배 위로 내려왔고, 선원들은 그가 있었던 헬리콥터의 안전한 장소로 옮겨져 살 수 있었다.

이와 같이 그리스도는 우리와 위치를 바꾸기 위해 이 땅에 내려오셨다. 비극적인 피해자가 아닌 자발적인 영웅으로 오셨으며, 아버지의 놀라운 계획을 당당하게 성취하심으로 승리하셨다.

우리가 가진 죄에도 불구하고 우리를 향한 하나님의 사랑은 인간의 이해 범위를 넘어선다! 하나님께서 누군가가 우리와 '위치를 바꾸게 하신 것'은 은혜다. 하나님께서 우리에게 예수님을 보내셨다는 것은 놀라운 은혜다. 하나님께서 인간으로 이 땅에 오셔서 십자가에 달리심으로 직접 우리와 위치를 바꾸셨다는 것은 측량할 수 없는 은혜다! 우리는 십자가에서 쏟으신 그분의 피로 말미암아 구원받았다!

놀라운 능력이 담긴 이 짧은 메시지를 요약하면 다음과 같다.

- 우리는 죄와 심판의 종노릇에서 해방되어 '자유'를 얻었다.
- 우리는 부패와 죄책으로부터 '깨끗이 씻음' 받았다.
- 우리는 예수님의 완벽한 삶을 통해 하나님께 '용납'되었다. 그 모든 것이 예수님의 '십자가' 위에서 성취되었다!

우리는 예수님께서 자신을 기념하고 행하라고 명하신 성찬을 나눌 때마다 이 황홀한 진리를 찬양하고 기뻐한다. 아마도 당신은 이제 왜 그리스도의 십자가가 어느 정도 중요한 것이 아니라 중심이고 핵심인지 알게 되었을 것이다. 바로 우리의 영원한 기쁨의 핵심 말이다. 우리를 "하나님이 자기 피로 사신" 곳이 바로 십자가다!

질문과 적용

1. 그리스도의 죽음이 지닌 여러 측면 중 어떤 것이 가장 마음에 와닿습니까? 그 이유는 무엇입니까?

2. 지금까지 당신에게 큰 영향을 미친 예수님의 죽음에 관한 성경구절은 무엇입니까?

3. 매우 중요한 단어인 '교환'을 비신자나 어린아이들도 이해할 수 있는 언어로 바꾸어 설명해 보십시오.

교회 성장
DNA

당신이 속한 교회에서 그리스도의 죽음에 관한 모든 측면이 명확하게 설명되며 강조되고 있습니까?

늑대들을 조심하라

잘못된 가르침이 교회를 흔들어 놓는다

16

"내가 떠난 후에 사나운 이리가 여러분에게 들어와서 그 양떼를 아끼지 아니하며 또한 여러분 중에서도 제자들을 끌어 자기를 따르게 하려고 어그러진 말을 하는 사람들이 일어날 줄을 내가 아노라. 그러므로 여러분이 일깨어 내가 삼 년이나 밤낮 쉬지 않고 눈물로 각 사람을 훈계하던 것을 기억하라"(행 20:29-31).

동물 보호 구역에서 한 무리의 늑대가 동물 사체를 뜯어 먹는 모습을 본 적이 있다. 그 늑대들은 종일 바위 위에 누워서 느긋하게 졸고 있었다. 그러다가 보호 구역 관리인이 반대편 끝의 벽 너머로 사슴 시체를 던져 넣자마자 일시에 달려들었다. 그 늑대 무리는 고기 냄새에 킁킁대고 껑충껑충 뛰기도 하면서 고기가 있는 방향으로 성큼성큼 다가갔다. 그렇게 모여든 늑대들은 사체에 코를 박고 고기를 잘게 찢어 놓았다. 이처럼 잔인한 광경을 보는 것은 그 자체로 정말 충격이었다.

바울은 이것이 바로 거짓 교사들이 교회 안에서 영적으로 행하는 일이라고 가르쳤다. 바울은 대놓고 진리를 부정하는 사람들에 대해서는 그다지 염려하지 않았다. 오늘날로 말하자면 무신론자나 무슬림이 여기에 속할 것이다. 반면에 진리를 왜곡하고 기독교 용어를 오남용하면서 비성경적인 가르침을 베푸는 자들에 대해서는 분명하고도 엄중하게 경고했다. 심지어 장로들이라 할지라도 인기에 부합하는 왜곡된 가르침으로 영향을 미치려는 열망에 사로잡힌다면 사람들을 현혹시키거나 본인도 위험해질 수 있다. 바울 전에 예수님이 그러셨듯이, 바울 또한 잘못되고 왜곡된 성경 해석은 구원의 믿음을 잔인하게 파괴해 버린다고 경고하였다.

현대 사회는 부정적인 것을 싫어한다. 성경 역시 사람들을 존중하라고 가르치며, 교만하고 독단적인 사람이 되지 말라고 가르친다. 그러나 어린아이들에게 위험한 골목이나 약품에 대한 경고가 필요하듯, 젊은 그리스도인들도 그들을 넘어지게 하는 실수로부터 보호해야 한다. 바울은 경고를 즐기지 않았다. 눈물을 흘리며 거짓 교사들의 거짓말과 선전 때문에 상하고 찢긴 마음으로 에베소 교인들에게 호소했다. 물론 우리 중 누구도 성경을 완벽하게 이해하거나 가르칠 수 없다. 특히 창조, 세례, 예언과 같은 부분에서는 앞으로도 논쟁과 토론이 그치지 않을 것이다. 그러나 구원은 모든 사람에게 가장 중대하고 시급한 주제이므로 복음을 왜곡하는 자들과는 믿음을 위해 맞서야 한다. 그렇다면 우리가 맞서야 할 사람들은 누구일까? 그들은 "경건하지 아니하여 우리 하나님의 은혜를 도리어 방탕한 것으로 바꾸고 홀로 하나이신 주재 곧 우리 주 예수 그리스도를 부인하는 자"(유 1:4), 혹은 고린도전서 6장 9-11절과 반대로 성적으로 불경건한 자가 회개하지 않아도 하나님 나라에 들어갈 수 있다고 떳떳하게 주장하는 사람들이다.

신약의 서신 대부분은 거짓 가르침에 대한 경고를 담고 있다. 이것은 유대교의 율법 준수에 대한 압박(갈 6:12-16)처럼 성경적인 신앙에 인간의 전통을 추가하는 식의 종교적인 왜곡이다. 또한 인간적인 이데올로기와 종교적 의무, 거짓 교사들이 경험하는 환상을 받아들이라는 강요 같은 것들이다(골 2:8, 16, 18). 또 다른 서신서에 나타나는 거짓 교사들은 문화적으로 진보적인 부류였다. 그들은 성경에서 문화적 주류를 거스르는 모든 측면을 제거한다(요일 4:1-3). 대표적으로 인간이 된 하나님을 꼽을 수 있다. 모든 거짓 가르침의 근원은 "거짓의 아비"(요 8:44)인 사탄이며, 이는 올바른 가르침을 베푸시는 진리의 영을 통해서만 무너뜨릴 수 있다.

이단들은 성경을 가르쳐 준다는 빌미로 비신자들을 유혹한다(여호와의 증인과 몰몬교가 대표적이다). 그러나 그리스도를 믿는다고 하면서 그리스도인이 되는 것의 의미를 왜곡시키는 거짓 교사들이 더욱 위험하다. 그리스도 이후의 모든 시대마다 기독교 신앙에 대한 다양한 공격이 있었다. 역사적으로 그러한 도전들에 대한 교회의 신실한 대응은 '개혁 복음적인'(성경적인) 신앙의 특징이 무엇인지를 다음과 같이 명확하게 보여 준다.

- 1-3세기를 지나는 동안 기독교는 '그리스도의 신성과 인성'(기독론에 대한 우리의 관점)에 대한 공격을 받았다. 이 시기의 아타나시우스(Athanasius) 같은 기독교 신앙의 영웅들이 이단적 사상을 주창했던 아리우스(Arius)에 맞서 그리스도의 신성과 인성을 변호했다.
- 4-5세기에는 '죄의 심각성'(인간관에 대한 우리의 관점)이 공격을 받았고, 어거스틴(Augustine)은 펠라기우스(Pelagius) 같은 이교도와 다투는 데 모든 에너지를 쏟았다.
- 중세 유럽에서는 그리스도께서 우리 대신 죽으심으로 하나님을 만족시키시고 우리를 구원하셨다는 '대속적 속죄의 교리'(십자가 죽음에 대한 우리의 관점)가 공격을 받았다. 안셀름(Anselm von Havelberg)은 예수님으로부터 받

은 영감으로 도덕적인 삶을 살면 구원을 얻을 수 있다고 가르친 아벨라르(Abelard) 같은 사람들에 대항하여 대속적 속죄의 교리를 지켜 냈다.

- 16세기에는 '이신칭의'(구원론에 대한 우리의 관점)가 공격을 받았다. 이 교리는 루터(Martin Luther)나 츠빙글리(Ulrich Zwingli) 같은, 가톨릭의 박해에도 굴하지 않았던 기독교 신앙의 영웅들에 의해 지켜졌다.
- 17세기 유럽에서는 '하나님의 주권 사상'(신론에 대한 우리의 관점)이 공격을 받았다. 아르미니우스(Arminius)는 구원의 서정에서 인간의 자유의지를 강조하는 오류를 범했지만, 하나님의 주권 사상은 칼빈(Jean Calvin)과 같은 신앙의 영웅들에 의해 변호되었다.
- 17세기의 잉글랜드는 청교도들의 시대였다. 이때는 '중생의 필요성'(성령론에 대한 우리의 관점)이 공격받았다. 이 교리는 고교회파에 대항한 존 오웬(John Owen)과 백스터(Richard Baxter) 같은 영웅들로 인해 지켜졌다.
- 18세기를 휩쓴 영국과 미국의 부흥 운동 기간에는 '최후 심판의 실재성'(역사관에 대한 우리의 관점)이 공격받았다. 이에 대해 휘트필드(George Whitefield)와 에드워즈(Jonathan Edwards)는 진보적인 무리에 맞서 최후 심판의 실재성에 대해 설교했다.
- 19세기에는 '선교의 필요성'(세계관, 곧 선교관에 대한 우리의 관점)이 공격받았다. 이는 중국 선교사 허드슨 테일러(James Hudson Taylor)와 인도 선교사 윌리엄 캐리(William Carey)와 아프리카 선교사였던 C. T. 스터드(Charles Thomas Studd)처럼 이기적인 냉담함에 맞섰던 사람들에 의해 지켜졌다.
- 20세기 초에는 '성경의 권위'(성경론에 대한 우리의 관점)가 도전을 받았다. 성경론은 워필드(Benjamin Breckinridge Warfield)와 메이첸(Gresham Machen)처

럼 자유주의 학자들에 대항했던 사람들에 의해 변호되었다.
- 20세기 중엽에는 지역 교회 안에서 '강해 설교 중심성'(사역관에 대한 우리의 관점)이 공격을 받았다. 이는 사회적 관심을 우선순위에 두었던 에큐메니칼 운동에 대항한 마틴 로이드 존스(Martyn Lloyd Jones), 존 스토트(John Stott), 딕 루카스(Dick Lucas) 같은 사람들에 의해 지켜졌다.
- 20세기 말에는 '지역 교회의 우선성'(교회관에 대한 우리의 관점)이 공격받았으며, 이는 서구 교단들의 중앙 집권주의와 맞서 싸운 브로튼 녹스(Broughton Knox)와 필립 젠슨(Phillip Jensen)에 의해 변호되었다.
- 21세기가 시작되자마자 거짓 가르침은 '회개의 필요성'(경건에 대한 우리의 관점)을 흔들어 놓았다. 회개의 교리는 인간의 자율성을 주창하는 이 시대의 쾌락주의와 반대되기 때문이다. 이러한 도전은 하나님으로부터 '주어진 성별'(창조관에 대한 우리의 관점)에 대한 도전으로 서서히 옮겨 가고 있다. 우리 모두가 이에 맞설 신앙의 영웅이 나타나기를 기다리고 있다.

아마도 역사를 통틀어 가장 널리 알려진 신앙 왜곡은 바로 '로마 가톨릭'일 것이다. 어쩌면 로마 가톨릭이 거짓 가르침이라는 말에 충격을 받는 독자가 있을지 모르겠다. 물론 로마 가톨릭의 가르침 중에는 성경에 충실한 것들도 있다. 교황이나 바티칸이 가르치는 모든 것을 액면 그대로 믿지 않는 가톨릭 신자도 많다. 그들 중에는 자신들이 듣는 거짓 가르침에도 불구하고 복음에 대한 믿음으로 거듭난 사람들 또한 존재하리라 생각한다(온전히 성경을 의지하여 예수님을 구세주로 믿는다면 말이다). 그러나 안타깝게도 로마 가톨릭이 견지하는 특정 교리는 성경이 말하는 신앙을 심각하게 왜곡하고 있다. 가톨릭 배경에서 살다가 회심한 사람들은 내게 와서 전 세계의 가톨릭 학교나 성당 안에서 선포되고 있는 위험한 오류들을 분명하게 드러내 달라고 부탁한다. 그래서 지금부터는 로마 가톨릭 신앙의 핵심 요소들을 개관해 보겠다(가톨릭 교회 교리서에서 쉽게 찾아볼 수 있는 것들이다). 이를 통해 우리는 다양한 오류를 피할 수 있을 것이다.

로마 가톨릭의 오류

1. 첫 번째 오류: 그리스도만으로 충분하지 않다

슬프게도 로마 가톨릭은 우리의 구원이 그리스도만으로 충분하지 않다고 가르친다. 로마 교회는 그리스도께서 우리의 중보자로서 불충분하여 다른 중보자를 추가하고, 그분의 십자가 죽음 또한 불충분하다고 생각하여 '미사'라는 희생 제사를 추가한다. 이렇게 추가된 중보자 중에는 수많은 사제와 성자와 성모 마리아가 있다. 로마 교회는 용서받기(면죄받기) 원하면 신부에게 죄를 고백하라고 가르치며(고해성사), 하나님과의 소통을 위해 죽은 성자들에게 기도하라고 가르친다. 그러나 성경이 하늘 아버지께서 '성도의 기도'(the prayers of the 'saints')를 들으신다고 한 것은 진정한 신자들을 일컫는 것이지 '파티마의 성모' 같은 사람을 가리키는 것이 아니다. 더욱이 성물(성자들의 유해) 숭배는 이교도들의 미신에 불과하다. 무엇보다도 로마 교회는 마리아에게 이렇게 기도하라고 가르친다. "은총이 가득하신 마리아님 … 이제와 저희 죽을 때에 저희 죄인을 위하여 빌어 주소서." 다시 말해 마리아의 은혜로 우리를 구원해 달라는 것이다. 가톨릭은 마리아가 새로운 아담인 예수 그리스도와 더불어 '새로운 하와', 아버지이신 하나님과 더불어 '우리의 어머니'이자 중재자요, 구원 사역의 협조자이며, 왕이신 그리스도와 더불어 '하늘의 여왕'이라고 가르쳐 왔다! 예수님께서 그토록 영광스러운 지위를 누군가와, 심지어 신실하지만 여전히 불완전한 그분의 어머니와 나누셨다는 것은 말도 안 된다. (마리아가 "은혜를 받은 자"이기에 우리를 구원할 수 있다는 것은 누가복음 1장 28절을 오해한 것이다. 누가복음은 마리아가 하나님의 은혜를 입었다는 사실을 말하고 있을 뿐이다). 사제들과 성자들과 마리아에 관한 로마 가톨릭의 가르침은 그리스도를 작아지게 할 뿐 아니라 우리에게 무능한 중보자들을 제공한다. 성경은 이렇게 기록되었다. "하나님은 한 분이시요 또 하나님과 사람 사이에 중보자도 한 분이시니 곧 사람이신 그리스도 예수라"(딤전 2:5).

'미사'(mass, 성만찬의 로마 가톨릭 버전)는 죄사함을 위한 추가적인 제사를 의미한다. 로마 교회는 예수님의 죽음을 불충분한 것으로 취급하여 죄를 사하기 위한 '미사'라는 희생 제사를 하나님께 드리면서 그리스도의 죽음을 재연한다. 그래서 제단 위의 떡과 잔이 사제들에 의해 예수님의 육신과 피로 바뀌어 하나님을 만족시킨다고 가르쳐 왔고, 먹고 남은 떡과 잔은 반드시 사제들이 다 먹거나 신성한 상자에 따로 보관한다.

그러나 성경은 '성만찬은 하나님이 완성하신 희생 제사를 기념하는 것'이라고 가르친다. 이 성만찬은 십자가에서 우리 죄를 위해 치르신 대가와(뒤를 보게 함) 믿음으로 예수님의 부활에 참여하게 한다(위를 보게 함). 뿐만 아니라 새 창조의 위대한 잔치를 바라보게 하고(앞을 보게 함), 그리스도의 죽음에 참예하며 함께 먹고 마시는 공동체를 바라보게 한다(옆을 보게 함). 가톨릭과 성경의 본질적인 차이는 로마 가톨릭의 미사가 우리의 노력과 행위로 하나님을 향하는 희생 제사인 반면, 성경이 가르치는 성만찬은 하나의 예시(illustration)로서 우리를 향한다. 그러므로 미사는 사실상 십자가 위에서 모든 사역을 끝마치신 예수님을 부인하는 것이다. 성경은 이렇게 기록한다. "죄를 정결하게 하는 일을 하시고 높은 곳에 계신 지극히 크신 이의 우편에 앉으셨느니라"(히 1:3). 그리스도는 이미 승리하셔서 하늘에 계신다. 그분이 제단에서 다시 죽으실 이유가 없다.

2. 두 번째 오류: 성경만으로 충분하지 않다

안타깝게도 로마 가톨릭은 성경만으로 충분하지 않다고 가르친다. 그래서 그들은 구원받기 위해 반드시 성경과 더불어 교회(교황과 주교들)의 가르침을 따른다. 일례로 놀랍도록 솔직한 다음의 선언을 살펴보자.

> 교회는 오로지 성경으로만 모든 계시 진리에 대한 확실성에 이르게 되는 것이 아니다. … 이 둘(성경과 전통)을 똑같이 경건한 애정과 존경으로써 받아들이고 공경해야 한다.
> _ 『가톨릭교회 교리서』, 82항

말씀은 오직 유일한 계시의 빛이 존재하며 그것이 '성경'이라고 가르친다. "어두운 데를 비추는 등불과 같으니 날이 새어 샛별이 너희 마음에 떠오르기까지 너희가 이것을 주의하는 것이 옳으니라"(벧후 1:19).

로마 가톨릭은 성경에 외경('벨과 용'처럼 사도들과는 관련 없는 고대 문서)뿐 아니라 교황의 선언문이나 주교 회의의 결정까지 포함시킨다. 게다가 로마 가톨릭은 교황과 주교들만이 성경을 올바로 이해할 수 있다고 말한다.

> 하나님의 말씀을 확실하게 해석하는 임무는 오직 교회의 교도권, 즉 교황과 주교들에게만 주어졌다.
> _ 『가톨릭교회 교리서』, 100항

그러나 성경은 평범한 신자라도 성령님의 도우심으로 말씀을 이해할 수 있다고 말한다. "내가 말하는 것을 생각해 보라. 주께서 범사에 네게 총명을 주시리라"(딤후 2:7). 따라서 가톨릭의 선언은 온갖 왜곡을 낳게 되었다. 예를 들면 요한에 대한 복음서의 내용이 그의 혼인 사실과 예수님의 형제자매들의 존재를 입증함에도(마 1:25; 막 3:31, 6:3) 불구하고 로마 교회는 5세기에 마리아가 영원히 동정이라는 교리를 상정하였다. 1854년에 교황 비오(Pius) 9세는 마리아가 태로부터 죄 없는 존재라고 선언했다. 1950년에 비오 12세는 마리아가 죽지 않고 산 채로 하늘로 올려졌다고 선언했다. 이러한 선언은 소위 '교황 무오설'이라는 것에 의존한다. 그런 완전함은 오직 하나님의 말씀인 성경에만 존재함에도 불구하고 말이다.

3. 세 번째 오류: 믿음만으로 충분하지 않다

로마 가톨릭은 우리가 은혜로 구원받았지만 이 은혜는 교회의 일곱 가지 성례를 통해서만 효력이 생긴다고 주장했다. 이 주장에 의하면 일곱 성례는 우리가 천국에 합당한 존재가 되도록 돕고, 구체적으로 '성세성사'(세례와 같다. 유아때 세례를 받으면 자동으로 구원이 주어진다고 여긴다), '견진성사'(입교), '고해성사'(고백), '성체성사'(성찬), '신품성사'(성직자 임직), '혼인성사'(결혼), '종부성사'(병자도유)가 있다. 그러나 성경은 구원의 은혜는 하나님이 우리 안에서 무언가를 행하시는 것이 아니라, 우리를 위해 그리스도 안에서 행하신 것이라고 말한다(더 나아가 성경은 오직 두 가지 성례, 즉 '세례'와 '성찬'만을 언급한다).

가톨릭은 우리가 죽을 때 우리 안에 남아 있는 불완전함을 제거하기 위해서 반드시 '연옥'(천국으로 들어가는 데 필요한 거룩함을 얻기 위해 일시적으로 정화의 기간을 보내는 곳)을 거쳐야 한다고 가르친다. 연옥에서 보내는 시간은 '기도'(성당의 촛불로 상징된다)와 교황의 '대사'(신자가 죄 때문에 받아야 할 벌을 돈이나 봉사, 곧 행위로 인한 시간 감량으로 대신하는 '면죄')를 통해 줄어든다. 예를 들면, 2013년 브라질 리우에서 열린 가톨릭 세계청년대회에서 교황이 청년들에게 베푼 면죄 의식에 다음과 같은 발췌문이 있다.

프란체스코 교황은 세계청년대회의 참가자들이 특정 조건을 충족시키는 한, 전대사(죽은 사람과 산 사람의 죄벌을 모두 사해 주는 것)를 받을 수 있다고 선언하였다. … 한 번의 대사는 한 사람의 죄로 인해 현세에서 그가 받게 될 처벌에 대한 용서와 사면을 의미한다. 전대사를 받기 위한 필수 조건은 최근에 고해성사를 했고, 성체성사를 받고, 교황의 뜻을 위한 기도를 한 것 등이 포함된다.

_"Vatican Announces Indulgences for World Youth Day",
Catholic Herald, 10 Jul. 2013.

하지만 그리스도께 "오늘 네가 나와 함께 낙원에 있으리라"(눅 23:43)는 말을 들었던 강도는 분명 값을 주고 대사를 산 적이 없다!

바울은 다음과 같이 분명하게 말한다.

> 우리가 예수께서 죽으셨다가 다시 살아나심을 믿을진대 이와 같이 예수 안에서 자는 자들도 하나님이 그와 함께 데리고 오시리라(살전 4:14).

그리스도인들은 부활의 때까지 주님과 함께 안전히 거하며, 결코 연옥에서 고통받지 않을 것이다. 슬프게도 로마 교회는 가장 근본적인 면에서 '은혜로 누리는 이신칭의' 진리를 무시하고 있다. 이 교리는 마틴 루터(Martin Luther)를 비롯한 많은 개혁가들에 의해 재발견되었다. 그리고 복음 안의 교환 선언에 대한 바울의 기록에 다음과 같이 요약되어 있다.

> 하나님이 죄를 알지도 못하신 이(예수님)를 우리를 대신하여 (십자가 위에서) 죄로 삼으신 것은 우리로 하여금 그 안에서 (믿음으로 말미암아) 하나님의 의가 되게(하나님께 용납되어 천국에 들어갈 수 있도록) 하려 하심이라(고후 5:21).

우리는 성례(행위)를 통해서만 은혜를 주시고, 천국에 갈 만큼 선하게 만들어 주시는 하나님의 영 때문에 구원받은 것이 아니다. 우리는 완벽한 삶을 살기에 불가능한 존재다. 그렇기 때문에 우리 대신 흠 없는 삶을 완성하신 예수님으로 말미암아 구원받고 천국에 갈 수 있게 되었다. 우리는 그리스도의 영으로 주어진 부분적인 의 때문에 구원받은 것이 아니다. 그분을 믿는 모든 자에게 전적으로 전가되고 완벽하게 적용된 그리스도의 의로 말미암아 구원받았다. 즉 우리 안에 있는 하나님의 은혜가 아니라 '그리스도 안에 있는 하나님의 은혜'로 말미암아 구원받았다!

의아한 일이지만 성경을 올바로 가르치려는 교회 중에도 로마 가톨릭 교회와 협력하는 곳이 있다. 그러나 가톨릭 신자들에게 가장 시급한 것은 (천국에 가기 위해 선하게 살려고 애쓰는 여러 종교인들과 마찬가지로) 놀라운 하나님의 복음을 듣게 하는 것이다.

위대한 16세기의 종교개혁자들이 발견한 이 복음은 구원에 관하여 다음의 다섯 가지 근본 원리를 가르친다.

- 오직 그리스도 안에서
- 오직 은혜에 의해
- 오직 믿음을 통해
- 오직 성경으로 인하여
- 오직 하나님의 영광을 위하여

물론 적지 않은 로마 가톨릭 신자들이 이런 이야기를 나누기 원한다는 사실을 알고 있다. 하지만 그들이 이런 주제를 이야기하는 이유는 자신의 행위로 아무리 면죄부를 얻으려 해도 여전히 없애지 못하는 무거운 죄의 짐과 죄책과 두려움 아래에서 살아가고 있기 때문이다.

바울은 "경계심을 늦추지 말라"고 했다. 거짓 가르침에 대해 지나치게 두려워하거나 지나치게 순진하게 생각하지 말라!

질문과 적용

1. 다른 사람들이 말하는 것(거짓 가르침)에 대해, 혹은 다른 사람들(거짓 교사)에 대해 부정적인 말은 조금도 하면 안 된다고 주장하는 사람들에게 뭐라고 말하겠습니까?

2. 스스로 그리스도인이라고 말하는 거짓 교사들이 책으로 무신론을 가르치는 저자들보다 더 위험한 이유가 무엇이라고 생각합니까?

3. 우리 대부분에게 로마 가톨릭 신자인 친구나 가족이 있을 것입니다. 성모 마리아, 미사, 교황과 성례에 대한 그들의 신앙을 어떤 방식으로 부드럽게 도전하고, 또 성경에서 이 부분에 대해 어떻게 말하는지에 대해 어떻게 토론할 수 있습니까?

> 전적인 은혜로 말미암은 이신칭의의 구속이 모든 비신자에게도 복음의 기회로 주어졌다는 것을 어떻게 설명할 수 있습니까?

하나님을 의지하라

그분은 참으로 크신 전능자이시다

"지금 내가 여러분을 주와 및
그 은혜의 말씀에 부탁하노니"(행 20:32).

    바울은 경험이 부족한 교회 지도자들에게 아이와 같이 연약한 교회를 맡기며 떠났다. 그들의 미숙함에도 바울이 그렇게 할 수 있었던 것은 그들을 돌보실 하나님을 신뢰했기 때문이었다. 하나님은 지극히 크시고, 우리의 온전한 신뢰와 기쁨을 받기에 합당하신 분이다. 이 지면을 통해 작게나마 여러분과 함께 그러한 하나님을 기뻐하고자 한다.

    "하나님은 어떤 분이실까?"라고 묻는다면 당신은 곧 하나님이 '초월적인 영광을 소유하신 유일한 분'이라는 사실에 놀라게 될 것이다.

    그분은 어느 것과도, 누구와도 비교되실 수 없는 분이다. 하지만 감사하게도 바로 그 하나님이 은혜 가운데 우리에게 자신을 드러내 보이셨고, 그로써 우리가 그분을 즐거워할 수 있게 되었다. 더욱이 영원한 계획 속에서 하나님은 성자 예수님을 통해 그분의 사랑스러운 신부인 전 세계의 셀 수 없이 많은 교회를 구원하셨다. 그리고 우리는 그 은혜 안에서 변화되어 영원토록 하나님을 영화롭게 하고 기뻐하는 존재가 되었다.

온 우주는 하나님의 장엄함을 나타내도록 창조되었다. 세계의 역사는 신적 작가인 동시에 주인공이신 하나님에 의해 기록되었다. 그분은 구약 시대의 선지자들과 신약 시대의 사도들을 세우셨다. 그리고 그들이 기록한 성경을 통해 하나님의 아들이신 그리스도, 곧 육신을 입고 이 땅에 오셔서 우리 죄를 위해 죽으시고, 부활하시고, 온 세계를 다스리심으로 하나님 역사의 절정을 이루신 예수님을 증언하게 하셨다.

또한 그분은 우리를 성자 하나님의 형상대로 창조하셨다. 그리하여 성자 예수님이 우리와 같은 모습으로 이 땅 위에 오셨을 때 우리가 성경을 통해 그분의 행적과 말씀을 이해할 수 있게 하셨다.

바로 이 대목에서 우리는 하나님의 성품, 속성, 이름, 사역, 영광, 차별성을 발견하게 된다. 그리고 무엇보다도 그분을 찬양해야 할 수많은 이유를 발견하게 된다.

성령님은 성경말씀을 통해 우리를 부르신다. 그리고 우리 안에 거주하시며, 우리의 지성과 마음을 일깨우신다. 우리가 단지 하나님을 이해하거나 경험하게 할 뿐 아니라, 하나님을 인격적으로 알아 가도록 우리를 새롭게 하신다. 여기서 잠시 우리의 마음을 사로잡는 하나님의 몇몇 속성을 살펴보자.

하나님은 인격적이시다

하나님은 모든 피조 세계와 구별되신다. 그분은 자유하시며, 지혜로우시고, 자신을 아시며, 사랑이 넘치시는 분이다. 인격적이신 그분은 스스로를 아시기에 우리에게 자신을 알리실 수 있다. 하나님은 자신의 영광을 위하여 그분의 뜻대로 계획하고 결정하시는 분이다. 또한 그분은 우리와 인격적인 관계를 맺어 성경말씀을 통해 우리에게 말씀하시고, 우리의 기도를 들으시며 반응하시는 분이다!

하나님은 영이시다

하나님은 어떠한 것으로 만들어지지 않았다. 그분은 몸이나 형체를 지니지 않으신다. 하나님은 보이지 않고, 측량할 수 없으며, 이 세상의 그 무엇으로도 통제할 수 없다. 어떠한 필요나 약함을 갖지 않으시기에 인간의 어떠한 논리나 형식으로도 담을 수 없을 만큼 크신 분이다!

하나님은 무한하시다

만물이 하나님으로부터 나왔고(모든 것의 근원), 모든 것이 그분으로 말미암아 존재하며(모든 것을 유지하시는 분), 만물이 그분에게로 돌아간다. 하나님은 모든 것을 그분의 궁극적 영광을 위해 이끌어 가시고, 우리는 그분의 영광 안에서 진정한 기쁨을 찾는다!

하나님은 삼위일체이시다

한 분이신 하나님은 삼위로 존재하신다. 각 위격은 구별되나 나뉘지 않고, 하나이지만 그 위가 섞이는 것은 아니다. 성경은 하나님이 세 분이라거나 세 가지 형태로 존재한다고 직접적으로 '삼위일체'라는 단어를 언급한 적이 없다.

그러나 성경이 삼위의 각 위는 동등하게 하나님이시지만(삼위 하나님의 동등성이나 연합에 어떠한 약화도 없이), 질서 있게 성부 하나님은 성자 하나님과 성령 하나님께 사랑에 기반을 둔 권위를 행사하시고, 성령과 성자는 성부께 사랑에서 나온 순종으로 답하심을 충분히 밝히고 있다. 하나님은 삼위일체로 영원 전부터 영원까지 공존하시는 한 하나님이시다!

하나님은 무소부재하신다

신학자들은 하나님이 광대하시다고 말한다. 즉 하나님은 어떠한 공간을 차지하시거나 피조된 것 속에 계시지 않는다는 뜻이다. 간혹 불타는 떨기나무 같은 특정한 자리에 나타나시기도 하지만, 하나님은 어떠한 공간에도 국한되지 않으신다. 성전이나 심지어 하늘이라도 하나님을 제한하거나 늘릴 수 없다.

하나님은 어디에나 계신다. 증식이나 분리 없이 모든 곳에, 동시에, 인격적으로, 완벽하게 존재하신다. 결국 우주 만물의 그 어느 것도 모든 것을 유지하고 다스리시는 하나님의 임재 밖에서 존재할 수 없다. 하나님은 모든 곳 중심에 계신다. 그분이 가장자리에 멀리 떨어져 계셔야 하는 장소는 존재하지 않는다.

하나님은 우리의 생명을 거두기로 결정하실 때까지 우리의 생명을 유지시키시며, 우리의 일거수일투족을 함께하신다. 동시에 수많은 장소에서 다른 방식으로 임재하신다. 하나님은 하늘에서도 하나님의 자녀인 우리를 복 주시고 훈계하시고자 임재하시며, 때로는 하나님을 대적한 이들에게 형벌을 내리시기 위해 임재하신다. 하나님은 그리스도 안에서 우리에게 복을 주시기 위해 임재하시는, 무소부재하시며 광대하신 분이다!

하나님은 불변하신다

하나님은 불변하신다. 만약 그분이 변할 수 있다면 이는 곧 그분께 불완전한 때가 존재한다는 말이 된다. 그러한 존재를 어떻게 하나님이라고 할 수 있겠는가!

『웨스트민스터 소요리문답』은 "하나님은 영이시며, 그분의 존재하심과 지혜와 권능과 거룩하심과 공의와 선하심과 진실하심이 무한하시고, 영원하시며, 변함이 없으신 분이다."라고 말한다. 성경 역시 하나님이 어떤 분인지 다음과 같이 가르쳐 준다.

하나님은 사람이 아니시니 거짓말을 하지 않으시고 인생이 아니시니 후회가 없으시도다. 어찌 그 말씀하신 바를 행하지 않으시며 하신 말씀을 실행하지 않으시랴(민 23:19).

이러한 하나님의 불변하심은 하나님과 그분의 말씀, 특히 복음을 신뢰하는 데 큰 위안을 준다. 완전할 수 없는 모든 인간은 계속해서 변한다. 즉 인간의 본성은(변덕스러운 감정과 유약한 성품에서 볼 수 있듯이) 본성적으로 불완전하며(우리가 신뢰하던 사람들에게 자주 상처를 받듯이) 신뢰할 수 없다. 하지만 하나님은 결코 변하지 않으신다. 하나님의 모든 말씀과 약속은 결코 변하지 않기에 신뢰할 수 있다. 하나님은 불변하시는 분이며 항상 일관되시다. 그렇기 때문에 우리는 하나님께서 원하시는 바나 그분이 응답하시는 방식에 확신을 가질 수 있다(하나님은 실로 자신이 원하는 바를 모르시거나 앞으로 어떻게 인도해야 할지 모르는 불확실함 속에 우리를 결코 내버려 두지 않으신다).

이처럼 하나님은 우리의 '굳건한 반석'이 되시기에 우리는 그 반석 위에 우리의 삶을 든든히 세워 나갈 수 있다. "그러므로 누구든지 나의 이 말을 듣고 행하는 자는 그 집을 반석 위에 지은 지혜로운 사람 같으리니"(마 7:24).

또한 하나님은 '난공불락의 요새'이시므로 우리는 그 요새 안에 안전하게 도피하여 도움과 위로를 얻을 수 있다. "여호와는 나의 반석이시요 나의 요새시요 나를 건지시는 이시요 나의 하나님이시요 내가 그 안에 피할 나의 바위시요"(시 18:2).

성경에서 하나님이 기도에 응답하시거나 긍휼을 보이심으로 악인들을 벌하지 않으시는 것을 읽을 때면, 하나님의 마음이 종종 변하는 것처럼 생각되기도 한다. 하지만 사실은 그렇지 않다. 회개하며 기도하는 이들에게서 심판을 거두실 때에도 하나님은 용서하시겠다는 확실한 약속을 지키고 계시는 중이다. 하나님은 언제나 사람들이 기도할 때 자신이 이미 작정하고 계획하신 뜻을 신실하게 이행하며 응답하신다. 이러한 사실은 우리로 하여금 기도하는 가운데 그분을 더욱 의지하게 한다!

하나님은 전능하시다

시편 139편은 하나님이 모든 것을 아시는 전지하신 분이라고 선언한다. 그래서 시편 기자는 "하나님이 나에 대한 모든 것을 아신다."라고 고백했다(1-6절). 또한 "하나님은 언제나 나와 함께하신다."라는 고백을 통해(7-12절) 하나님이 '모든 곳에 계시는' 분임을 선언한다. 더불어 "하나님이 나의 모든 부분을 만드셨다."라고 고백하면서(13-18절) 하나님이 전능하신 분임을 선포한다. 이처럼 하나님은 그저 그런 설명들을 한참 뛰어넘으시는 위대한 분이다!

하나님은 선하시다

시편 145편은 하나님이 믿을 수 없을 정도로 선하시기에 모든 이유를 총동원하여 그분을 찬양해야 함을 강조한다. 시편 기자는 창조와 구속이라는 위대한 사역 속에서 하나님이 얼마나 은혜로우신지(시 145:3-7), 자기 백성을 왕으로서 다스리시는 하나님의 통치가 얼마나 지혜로운지(8-13절) 설명하고 있다. 또한 모든 약속을 성실히 이행하시는 하나님께서 얼마나 신실하신지(13-16절), 그리고 구세주를 보내시기까지 자기 백성을 사랑하시는 하나님께서 얼마나 의로우신지(17-20절) 설명한다.

하나님은 은혜로우시다

시편 103편 기자는 하나님의 성품 중 세 가지 주제를 택하여 우리가 하나님을 찬양해야 하는 온갖 이유를 제시한다. 먼저 하나님은 우리를 용서하시고, 치유하시며, 구속하시고, 사랑하시는 분이다. 우리를 만족시키시고, 새롭게 하시는 자비로운 구세주이시다!(2-5절) 또한 억압받는 자들을 위해 공의와 정의를 행하시고(6절), 자기 백성에게 그분의 길과 행사를 알리시는 은혜로운 구속주이시다!(7절)

하나님은 긍휼이 많으시고, 은혜로우시며, 노하기를 더디 하시고, 인자가 풍부하시고(8절), 동이 서에서 먼 것같이 우리의 죄과를 우리에게서 멀리 옮기시는 분이다(12절). 그리고 그분을 경외하는 자를 긍휼히 여기시는 분이다(13절).

하나님은 우리가 단지 먼지뿐이며 꽃처럼 시들게 될 존재임을 아시지만, 하나님을 경외하는 자들에게 영원부터 영원까지 인자를 베푸시는 우리의 영원하신 아버지이시다!(14-19절)

하나님은 자존하시며, 자발적으로 사랑하신다

하나님은 모든 종류의 고통과 하나님 외의 누군가에 의한 모든 종류의 감정에서 자유하시다. 즉 완전히 자기 충족적(하나님의 자존성)이시므로 외부의 어떠한 도움도 필요 없으시다.

그러나 하나님의 자기 충족성은 그분이 자발적으로 고통받으시거나 동정심을 가지실 수 없다는 뜻은 아니다. 하나님은 그분의 신적 속성, 혹은 성품에 가해진 어떠한 손상으로 인해 고통받으시지 않는다. 다만 영원 전부터 패역한 우리를 사랑하셔서 고통과 슬픔을 자발적으로 수용하셨다.

실제로 성자 예수님은 육체를 입으시고 우리와 같이 고통당하셨고, 성부 하나님은 사랑하는 독생자를 내어 주시는 상실의 슬픔으로 고통받으셨다. 하지만 예수님은 결코 우리의 필요만을 위해서, 혹은 아버지의 계획이었기 때문에 피해자가 되신 것이 아니다. 우리를 향한 사랑으로 기꺼이 자신을 십자가 위에 내어 주셨다. 그것이 바로 십자가의 사랑이다!

하나님은 순전하시다

하나님의 다양한 면을 살펴보기 위해서 우리가 반드시 생각해 보아야 할 것은 하나님의 '순전하심'이다. 이는 곧 그분이 인격으로서 항상 자신의 모든 속성을 지니신다는 말이다. 그래서 마치 불이 사람들을 따뜻하게 해 주는 온기가 되기도 하고, 길을 비추는 빛이 되기도 하며, 끔찍한 재앙이 되기도 하듯, 하나님은 다양한 사람들에게 다양한 상황 속에서 다양한 방식으로 역사하실 수 있다. 그러나 하나님은 자신의 완전하심 안에서 불변하시는 분이기도 하다. 우리가 하나님의 어떤 속성을 이해할 때 그것이 하나님의 또 다른 속성과 충돌을 일으키는 것으로 생각하면 안 된다.

예를 들면 우리가 하나님은 사랑이시라고 가르칠 때 그분이 여전히 거룩하시며 의로운 심판을 행하시는 분임을 기억해야 한다. 또한 하나님은 우리가 예수님을 닮고, 성숙해지도록 주권적으로 고난을 허락하신다는 사실을 가르칠 때, 그분이 여전히 우리를 사랑하고 계신다는 것을 기억해야 한다.

마치 하나의 빛이 프리즘을 통과하여 다양한 빛깔로 나타나는 것처럼 성경은 하나님의 다양한 면을 보여 준다. 그러나 그 하나님은 언제나 동일한 하나님임을 기억해야 한다. 하나님은 놀라운 여러 가지 속성이 동시에 충만하게 살아 역사하시는 분이다!

하나님께서 육신을 입으셨다

복음은 예수 그리스도께서 완전한 인간이면서, 완전한 하나님이시라는 사실을 선포한다. 즉 은혜와 진리가 충만한 가운데 예수님 안에 신성과 인성이 공존한다(요 1:14-18).

하나님은 영광스러우시다

17세기에 만들어진 『웨스트민스터 신앙고백』은 다음과 같이 유명한 선언을 한다. "사람의 제일 되는 목적은 하나님을 영화롭게 하고 영원토록 그를 즐거워하는 것이다."

존 파이퍼는 자신의 책 『하나님을 기뻐하라』(생명의말씀사, 2016)에서 이 항목을 "하나님을 즐거워함으로 그분을 영화롭게 하는 것"이라고 설명하며 다음과 같은 중요한 결론에 다다른다. "우리가 하나님 안에서 가장 만족할 때 하나님은 우리를 통해 가장 큰 영광을 받으신다."

마치 축구 경기의 관객이 자신이 응원하는 팀을 위해 소리를 지르면서 응원하는 것처럼, 하나님의 백성들은 하나님을 찬양하고, 하나님의 위대하심을 나타내는 방식으로 살아가고 싶어 한다. 왜냐하면 우리는 기도와 찬양, 가르침이나 복음 전도를 통해 하나님에 대한 찬양을 표현할 때 하나님이 주시는 기쁨으로 가장 만족할 수 있기 때문이다.

우리가 하나님을 즐거워하고 기뻐하며 그분으로 인해 감격할 때 하나님은 합당한 영광을 받으시고, 우리는 하나님 안에서 만족을 누릴 수 있다. 여기서 하나님이 합당한 영광을 취하신다는 것은 그분이 자만하신다는 뜻이 아니다. 오히려 예수 그리스도를 통해 드러난 하나님의 영광은 십자가 위에서 수치를 당하시고, 피 흘려 죽으심으로써 찬란히 빛났다!

결국 하나님께서 우리의 찬양을 받기 원하시는 이유는 찬양 자체가 필요해서가 아니라(사실 찬양은 천국을 바라는 우리에게 더욱 절실히 필요하다) 우리가 그토록 갈망하는 천국의 행복으로 우리를 인도하시기 위함이다.

지금까지 살펴본 하나님의 속성에서 우리는 느헤미야가 하나님의 백성들에게 말했던 것처럼 '여호와로 인하여 기뻐하는 것이 우리의 힘'이라는 사실을 깨닫게 된다(느 8:10). 또한 바울이 에베소 장로들에게 연약한 교회를 맡겼던 것처럼 우리 또한 기쁘게 우리가 사랑하는 사람들을 하나님의 손에 맡길 수 있게 된다. 그분은 지극히 크고, 광대하시며, 장엄하신, 실로 위대하신 하나님이다!

질문과 적용

1. 하나님에 대한 놀라운 사실을 읽으며 어떤 느낌이 들었습니까?

2. 당신이 이해하는 천국의 삶에서, 하나님을 아는 것과 즐거워하는 것이 얼마나 큰 비중을 차지합니까?

3. 앞에서 언급한 시편의 말씀 중 하나를 다시 읽어 보십시오. 그리고 그 본문에 나타난 하나님의 속성을 묵상하고 찬양하는 시간을 가져 보십시오.

교회 성장
DNA

> 당신이 속한 교회가 하나님께 헌신한다는 것이 무슨 의미입니까?

하나님의 말씀을 신뢰하라
성도들을 세우는 것은 하나님의 말씀이다

18

"지금 내가 여러분을 주와 및 그 은혜의 말씀에 부탁하노니
그 말씀이 여러분을 능히 든든히 세우사"(행 20:32).

바울은 하나님을 의지했을 뿐 아니라 하나님 말씀의 보호하심과 인도하심을 신뢰했다. 따라서 아직 미숙한 리더들에게 어린아이처럼 연약한 에베소교회를 맡겨 두고 떠날 수 있었다. 지금까지 우리는 하나님의 장엄하심에 대해 숙고해 보았다. 이제는 그분의 말씀의 능력에 대해 이야기해 보자. 역동적인 하나님의 말씀 말이다!

하나님의 말씀은 살아 있고 활력이 있어(히 4:12).

말씀은 살아 있다. 살아 계신 하나님의 영이 오늘날에도 말씀하시며, 그 말씀 가운데 역사하신다. 또한 말씀은 활력이 있다. 우리의 숨결과 더불어 말이 나오는 것처럼, 하나님의 성령 또한 강권하시는 영적 능력과 함께 하나님의 말씀과 더불어 나타난다.

하나님께서 말씀으로 피조 세계를 창조하셨고, 예수님께서 말씀으로

죽은 자를 살리셨다면, 성령님은 성경말씀을 통해 죄인에게 새 생명을 창조하시고 교회를 세워 가신다. 말씀에는 하나님의 신적이고 인격적인 권위가 있기 때문이다. 그리스도께서는 그분의 교회를 직접 세울 것이라고 말씀하셨다(마 16:18). 그분이 교회를 세우시는 것은 바로 그분의 말씀을 통해서였다.

구체적으로 바울은 "그 말씀이 여러분을 능히 든든히 세우사"라고 말한다. 이는 말씀이야말로 교회를 세우는 중심이며, 그리스도 안에서 은혜의 복음을 올바로 가르치는 것은 성경말씀뿐임을 알게 해 준다.

교회가 성경을 존중하는 것 같지만 사실은 정치적인 결정을 위해 성경을 선택적, 기만적으로 대하는 것이 얼마든지 가능하다. 그 결과 누구도 구원받지 못하고 성장할 수 없도록 하나님의 은혜를 뒤틀어 버리는 것이 가능하다. 이것은 크나큰 비극이다. 교회에서 하나님의 은혜가 왜곡되는 것은 교사들이 하나님께서 우리를 사랑하신다는 진리(많은 사람이 이 사실을 당연하게 생각한다)를 거부해서가 아니다. 하나님의 은혜와 동반되는, 곧 모든 사람이 악하고 하나님의 심판을 받아 마땅하다는 사실(많은 사람이 이 진리를 우스꽝스럽다고 여긴다)을 거부하는 거짓 교사들에 의해 하나님의 은혜가 왜곡되었다.

이러한 왜곡 때문에 그리스도의 죽음을 통해 주어진 하나님의 은혜가 매우 값싸고 불필요한 것으로 여겨졌고, 그 결과 교회는 성장을 멈추게 되었다. 그럼에도 여전히 지옥에 떨어져야 할 죄인들을 구원하시는 하나님의 은혜의 복음이 말씀을 통해 선포되는 곳마다 그리스도께서 자신의 교회를 세워 나가실 것이다.

복음 사역에 헌신해 온 지난 25년 동안 나는 하나님께서 이 일을 행하시는 것을 보았다. 그분은 다양한 말씀 교육을 통해 우리 교회와 우리가 진행하는 교회 개척 운동을 성장시키셨다. 이 운동의 25주년을 기념하며 어느 찬양 사역자가 우리 가운데 행하신 하나님의 역사를 찬양하는 '그 말씀의 능력을 보라!'(Behold the power of his Word!)라는 아름다운 찬양을 썼다. 어쩌면 지금까지 우리 단체를 찾은 사람들은 가르침보다 따뜻한 환영이나 뛰어난 어린이 사역, 혹은 특정 사역이나 찬양하는 것이 좋아서 오게 되었다고 할지도 모르겠다.

하지만 그 모든 것을 가능하게 했던 것이 바로 하나님의 말씀이었다. 바울은 디모데(그는 에베소교회의 담당 사역자가 되었다)를 격려하며 그가 어떤 대가를 지불하고라도 말씀을 선포하는 사역자가 되게 하기 위해, 성경이 지닌 놀라운 점을 상기시켰다.

또 어려서부터 성경을 알았나니 성경은 능히 너로 하여금 그리스도 예수 안에 있는 믿음으로 말미암아 구원에 이르는 지혜가 있게 하느니라. 모든 성경은 하나님의 감동으로 된 것으로 교훈과 책망과 바르게 함과 의로 교육하기에 유익하니 이는 하나님의 사람으로 온전하게 하며 모든 선한 일을 행할 능력을 갖추게 하려 함이라(딤후 3:15-17).

바울이 성경을 언급할 당시에는 신약성경이 아직 기록되지 않았을 때다. 즉 그는 예수님께서 하나님의 말씀이라고 인정하신 '구약성경'을 말하고 있다. 그러나 '성경' 범주에는 결과적으로 '신약'도 포함된다. 신약성경은 당시에 예수님께서 가르치신 그 "모든 것"을 생각나게 하는 (요 14:26) 성령의 능력을 부여받은 사도 바울에 의해 한 권 한 권 기록되고 있었다.

그 당시에 기록된 문서들이 오직 '사도적'(그리스도의 사역을 직접 목격한 사도가 저자나 제보자인 것)이고 '선지자적'(구약 신학과 일치하는 것)일 때만 초대교회가 이를 성경으로 인정했다는 사실이 매우 중요하다. 따라서 여기서 바울이 말하는 '성경'은 신약과 구약 모두 해당된다(사도가 기록하지 않은 '외경'이라는 별난 책은 해당되지 않는다).

세상에는 수십억 권의 책이 존재한다. 한 권의 책을 고를 때 우리는 그 책이 중요한 주제를 담고 있는지, 믿을 만한 저자가 썼는지, 그 책이 어떤 유익이 있는지 등을 고려한다.

그리고 바울은 지금 우리가 다루는 본문에서 그 세 가지 질문에 대한 답을 제시하고 있다.

성경은 그리스도를 통한 구원에 관한 것이다

"성경은 능히 너로 하여금 그리스도 예수 안에 있는 믿음으로 말미암아 구원에 이르는 지혜가 있게 하느니라"(딤후 3:15).

성경은 온통 예수 그리스도에 대한 것이다. 예수님은 "이 성경이 곧 내게 대하여 증언하는 것이니라"(요 5:39)고 말씀하셨다. 그리고 죽음을 이기고 부활하신 후 성경을 가르치시며 자신에 대해 "모세의 율법과 선지자의 글과 시편에 나를 가리켜 기록된 모든 것이 이루어져야 하리라"(눅 24:44)고 설명하셨다.

또한 성경은 사탄과 죄와 지옥으로부터의 구원, 하나님의 임재 가운데 있는 기쁨에 관한 것이다. 그리고 복음의 약속을 믿는 믿음을 통한 구원에 대한 것이기도 하다(창세기도 마찬가지다. 아브라함에게 주어진 약속의 내용은 매우 간단했다).

성경은 우리가 하나님을 위해서 해야 할 의무가 담긴 좋은 충고가 아니다. 이와 반대로 성경은 하나님께서 우리를 위해 무엇을 하셨는지에 대한 좋은 소식이다. 물론 성경의 모든 구절이 그리스도를 믿는 믿음으로 받는 구원을 언급하는 것은 아니다. 그러나 모든 구절이 궁극적으로 이 구원을 이해하도록 돕는다.

따라서 성경을 그저 이용하는 데 그치지 않고 성경을 통해 하나님이 하시는 말씀 자체를 경청하는 교회들은 결국 그리스도를 믿는 믿음으로 말미암아 구원에 이르는 사람들을 낳게 될 것이다.

성경의 저자는 하나님이시다

"모든 성경은 하나님의 감동으로 된 것으로"(딤후 3:16).
하나님은 성경을 통해 말씀하시는 분이자 성경으로 들려 주신 음성에 대한 우리 마음의 반응을 판단하시는 분이다. 따라서 성경 읽기는 매우 두려운 임무라고 할 수 있다.

하나님의 말씀은 살아 있고 활력이 있어 좌우에 날선 어떤 검보다도 예리하여 혼과 영과 및 관절과 골수를 찔러 쪼개기까지 하며 또 마음의 생각과 뜻을 판단하나니(히 4:12).

하나님은 마치 외과의사가 수술칼로 수술대 위에 있는 환자의 심장을 여는 것처럼 말씀을 사용하신다. 말씀으로 우리를 판단하셔서 우리에게 닥칠 최후 심판을 견딜 수 있도록 영적인 수술을 행하시는 것이다. 이는 우리에게 크나큰 축복이다.

하나님의 말씀은 우리의 믿음을 교정하고 지도하는 데 있어서 항상 참되며 최종적인 권위를 지닌다. 예수님은 출애굽기 말씀을 인용하여 대적들에게 다음과 같이 응수하셨다. "하나님이 너희에게 말씀하신 바 나는 아브라함의 하나님이요 이삭의 하나님이요 야곱의 하나님이로라 하신 것을 읽어 보지 못하였느냐"(마 22:31-32).

예수님은 고대에 쓰인 구약성경의 출애굽기를 마치 그 당시에도 결정적 권위를 지닌 하나님의 음성으로 여기셨다. 오래전에 기록되었으나 오늘날에도 여전히 인격적이고, 결정적인 하나님으로부터 온 문서처럼 말이다.

물론 하나님은 우리를 만드신 창조자이시고 우리를 사랑하시는 구세주이시기에 그분의 말씀이라면 무엇이든 중요하다! 그분은 거짓을 말할 이유가 전혀 없으셔서 늘 진리만을 말하신다. 그분의 모든 말씀은 완벽하게 '무오'(성경의 주장에는 오류가 없음)하며 '무류'(모든 세대의 사람이 이해할 수 있도록 숫자를 반올림하거나, 문학적인 관행을 제외하고는 실수가 존재하지 않는다)하다.

하나님만이 우리 삶에 주실 수 있는 명확한 지침 역시 성경 안에서 발견된다. 때로는 신학적 원리 안에서, 때로는 성경 인물을 통해, 그리고 때로는 묵시의 지혜 안에서다.

하나님은 성경 어디에서도 추가적인 표적을 구하거나 이적과 절충하라고 말씀하신 적이 없다. 그저 단순하게 그분의 말씀만을 받아들이라고 하실 따름이다. 성경이 우리가 해야 할 특정한 행동을 제시해 주지 않을 때도 우리는 여전히 하나님의 다스리심을 신뢰할 수 있다. 왜냐하면 그분이 우리를 돌보시고 모든 상황의 운전대를 잡고 계시기 때문이다. 또한 하나님은 우리가 예수님을 닮도록 빚어 가시는 분임을 성경말씀을 통해 믿기 때문이다.

성경에 귀 기울이는 교회들은 말씀으로 인도하시는 성령의 음성을 듣는 가운데 살아 있는 하나님과의 건강한 현재진행형 관계를 맺는다.

성경은 의를 위한 것이다

"교훈과 책망과 바르게 함과 의로 교육하기에 유익하니"(딤후 3:16).

성경은 삶을 위한 것이지 단순히 감탄이나 교육, 인용을 위해 있는 것이 아니다. 성경은 학문적인 성취를 위하여 존재하는 것도 아니다. 하나님은 우리가 성경 전체의 구조와 주제를 꿰뚫고 있다는 이유로 감동받지 않으신다. 하나님은 우리가 말씀에 따라 살기 원하신다. 시편 19편에서 다윗은 말씀대로 사는 삶의 풍성한 영적 유익을 이렇게 묘사했다.

여호와의 율법은 완전하여 영혼을 소성시키며 여호와의 증거는 확실하여 우둔한 자를 지혜롭게 하며 여호와의 교훈은 정직하여 마음을 기쁘게 하고 여호와의 계명은 순결하여 눈을 밝게 하시도다. 여호와를 경외하는 도는 정결하여 영원까지 이르고 여호와의 법도 진실하여 다 의로우니 금 곧 많은 순금보다 더 사모할 것이며 꿀과 송이꿀보다 더 달도다. 또 주의 종이 이것으로 경고를 받고 이것을 지킴으로 상이 크니이다(시 19:7-11).

성경은 교사들의 섬김을 받는다. 엄밀한 의미에서 우리에게는 하나님의 말씀과 성령만이 필요하지만, 하나님은 은혜 안에서 우리에게 재능 있고 학식 있는 교사들을 허락하신다.

디모데가 바울에게 성경은 "교훈과 책망과 바르게 함과 의로 교육하기에 유익하니"(딤후 3:16)라는 말을 들은 것은 무척 놀라운 것이었다. 바울이 곧바로 비슷한 표현을 사용하며 디모데에게 다음과 같이 말한다.

너는 말씀을 전파하라. ··· 범사에 오래 참음과 가르침으로 경책하며 경계하며 권하라(딤후 4:2).

하나님은 그분의 말씀을 본래의 목적대로 가르칠 성경 교사들을 보내신다. 교회에서 우리가 각자 침묵하며 말씀을 읽지 않는 이유는 청중들이 교사로부터 그들이 이해할 수 있는 언어로 말씀과 그 속의 필수적인 의미를 배울 수 있기 때문이다(5장에서 말했듯 지역 교회의 교사는 자신에게 속한 성도들과 그들의 상황을 잘 알기에 미디어로 접하는 위대한 설교자들보다 대체로 더 유익하다).

이 모든 것이 성경으로 충분하다는 사실을 보여 준다. 말씀에는 우리가 하나님께 배워야 할 모든 것이 들어 있다.

모든 선한 일을 행할 능력을 갖추게 하려 함이라(딤후 3:17).

디모데 같은 설교자나 그들의 가르침을 듣는 모든 교회와 마찬가지로, 성경에는 우리가 하나님을 위한 선한 일에 준비되기 위해 알아야 할 모든 것이 들어 있다. 그리스도인에게 성경은 마치 스위스 군용 칼과 같아서 그 안에 필요한 모든 것이 다 들어 있다. 이것을 우리는 성경의 '충족성'이라고 부른다.

요약하자면 우리는 하나님의 말씀이 우리를 구원하고(성경은 그리스도를 믿는 믿음을 통한 구원에 관한 것이다), 신뢰할 만한 최종적 권위이며(하나님은 진리만을 말씀하시며 우리의 반응을 심판하신다), 철저하게 충족적임(말씀은 모든 선한 일을 행하도록 우리를 의로 교육한다)을 배웠다.

마지막으로 예수님은 성령님을 '성경의 모든 페이지 안에서 말씀의 의미를 말해 주시는 분'이라고 명백하게 이해하셨다. 이는 성령님이 구두적인 음성으로 말씀하시거나 시각적인 모양으로 말씀하신다는 것이 아니다. 원래의 말씀이 가진 명백한 의미 가운데서 말씀하신다는 것이다.

그렇다면 하나님이 말씀하시지 않는 곳은 어디인지 알아보자.

- 하나님은 부정확한 번역이나 덧붙여진 주해와 학자들의 주석 가운데에서는 말씀하지 않으신다.

- 하나님은 과거에 일어난 성경의 사건들 가운데서만 말씀하신 것이 아니다. 하나님은 (진보적인 사람들이 비아냥대는 것처럼) 우리가 아둔한 성경의 증인들이 목격하고 전한, 결함 있고 낡아 빠진 기록물을 이해하지 못하도록 내버려 두지 않으셨다. 예를 들면 신약의 히브리서에서 성부, 성자, 성령이 오늘날에도 그들에게 말씀하신다고 말하면서 수많은 구약 구절을 소개하는 것이다(히 2:12, 3:7, 15-19).

- 하나님은 우리 마음이 만들어 낸 다른 해석 가운데서 말씀하지 않으신다. 그분은 한 입으로 두 말하는 분이 아니다. 물론 하나님은 모든 본문 가운데 많은 것을 말씀하신다. 그리고 각각 다른 말씀이 각기 다른 사람들에게 값지게 느껴지거나 도전으로 다가올 것이다. 그런 중에 하나님께서 모든 사람에게 하시는 말씀은 여전히 동일한 하나의 성경말씀이다(우리가 듣고자 하는 것을 만들어 낼 수 없으며, 만약 그렇게 한다면 성경말씀에 의해 추궁을 당할 것이다). 하나님은 그분 스스로 독자적인 관계를 맺기 위해 우리에게 성경을 주신 것이 아니다. 마찬가지로 우리도 우리 자신을 위하여 우리 마음이 만들어 낸 다른 해석을 통해 하나님과 관계를 맺는 것이 아니다. 하나님은 그분의 자녀들과 관계를 맺기 위해 성경을 통해서 말씀하신다.

- 하나님은 다른 표적이나 방법으로 우리를 인도하려고 노력하시지 않는다. 설교자들이 신성한 상식, 친구들의 경건한 조언, 성령의 내면적 권고하심(주관적 느낌)을 통하거나, 성경(주관적 해석)을 통해 하나님의 인도하심을 들으라고 말한다면, 그들은 성경이 말하는 것과 다른 방법을 말하고 있는 것이다! 우리가 듣는 상식이 신성한지 세속적인지, 우리가 받은 충고가 경건한지 죄악된지, 내면적 권고가 하나님의 말씀을 통한 진정한 성령의 역사

인지 아니면 사탄의 유혹인지를 판단하는 유일한 방법은 성경을 살펴보는 것이다! 만약 하나님께서 이전에 하셨던 것처럼 수풀 가운데서 말씀하시거나 인간의 손으로 벽에 쓰기 원하신다면(출 3:4; 단 5:24) 지금도 당연히 그렇게 하실 수 있다. 그러나 하나님이 그렇게 하시지 않는 이유는 하나님의 완전한 인도하심이 그분의 완성된 성경을 통해 우리에게 완벽하게 주어졌기 때문이다.

- 하나님은 많은 사람이 예언이라고 주장하는 꿈이나 메시지들 가운데서 말씀하지 않으신다. 사도행전 2장에 의하면, 베드로가 그랬던 것처럼 신자들이 성경에 기록된 하나님의 기이한 일들(예수 그리스도에 관한 일들)을 선포하는 것은 예언하는 것과 같다. 즉 예언의 은사에 관한 바울의 글(고전 14장; 계 19:10)은 자연스럽게 떠오르는 성경에 대한 통찰이 하나님으로부터 오는 것임을 보여 준다. 따라서 만약 이러한 꿈이나 메시지들을 받았다는 자들이 있다면, 가르치는 직무를 맡은 자들에게 그것을 검증받아야 한다. 그리고 그것이 반드시 성경으로부터 나온 것인지 판단받아야 한다. 다시 말해 교회 내에 그와 같은 예언적 통찰의 은사가 있다면, 반드시 다양한 성경 연구를 통해 입증되어야 한다. 왜냐하면 하나님은 성경을 통해서 말씀하시기 때문이다.

성경이 가진 권위와 생명력, 명쾌함과 충족성을 잘 보여 주는 설득력 있는 증거가 하나 있다. 그것은 바로 평일 저녁마다 런던의 여러 교회에서 수많은 젊은이들이 진지하게 성경을 연구하며, 성경의 저항할 수 없는 능력을 발견하고 있다는 것이다! 그 시간에 밖으로 나가 세상의 즐거움을 찾을 수도 있을 텐데 말이다. 자기와 반대되는 정치적 사상에 대해 뜨겁게 논쟁하고, 사업 제안서와 계약서에 있는 실수들을 재빠르게 지적하며, 능수능란한 미디어 마케팅에 조금도 속아 넘어가지 않는 지성인들이 성경에서 읽는 모든 진리의 말씀을 기꺼이 받아들이고 있다! 이런 책은 세상 그 어디에도 없을 것이다!

그러므로 우리는 모든 삶과 사역 가운데에서 이 영광스러운 성경의 권위, 생명력, 충족성, 명쾌함을 확신한다. 성경은 하나님의 말씀이기 때문이다!

질문과 적용

1. 하나님의 말씀에 귀 기울일 때, 그리고 순응하기 어려운 말씀이 도전을 줄 때 말씀을 대하는 당신의 태도는 하나님의 영광을 드러내고 있습니까?

2. 성경에서 가장 익숙하지 않은 부분이 있다면 어디입니까? 그 부분을 앞으로도 읽지 않고 연구하지 않는다면 어떤 결과가 나타나겠습니까?

3. 사람들이 성경에 나오지 않는 메시지들을 너무도 쉽게 하나님으로부터 온 것처럼 생각하는 이유는 무엇입니까?

당신의 교회에서 성경이 그 자체만으로 충분하고 가장 중요한 권위로 사용되고 있다는 증거는 무엇입니까?

하늘의 상급을 즐거워하라

천국의 소망이 우리의 기쁨이다

19

"거룩하게 하심을 입은 모든 자 가운데 기업이 있게 하시리라"(행 20:32).

최근에 우리 교회 한국어 예배에 출석하는 성도 한 분이 북한에서 일어나고 있는 끔찍한 기독교 박해 이야기를 들려주셨다. 4장에서 언급한 것처럼, 북한은 기독교인들에게 국가에 대한 복종을 강요하기 위해 온갖 끔찍한 일을 자행한다. 그들은 그리스도 안에 있는 형제자매들을 화학무기를 위한 생체 실험에 사용하고, 수용소에 가두며, 비열한 방식으로 태아를 고문하고, 거리 한복판에서 교회 지도자들을 그들의 가족이 보는 앞에서 처참하게 죽인다. 그런데도 그 지도자들은 온 가족이 보는 앞에서 길가에 누운 채로, 머리 위로 증기 롤러가 다가오는 중에도 천국에 대한 찬양을 불렀다고 한다. "내 주를 가까이하게 함은…"(새찬송가 338장).

얼마 전에는 한 친구가 자기 아버지의 죽음에 대해 말해 주었다. 그 친구의 부모님은 모두 90대이시고 신앙심이 깊으셨다. 몸이 극도로 약해지셔서 죽음을 눈앞에 둔 친구의 아버지는 자신이 떠나면 아내가 고통스러워할까 봐 두려워하셨다. 내 친구도 아버지께서 그 두려움과 싸우고 계신다는 사실을 알고 있었다. 아버지는 아내에게 자신이 떠나는 것을 허락해 달라고 부탁하셨다. 그러자 친구의 어머니는 고개를 끄덕이시며 남편에게 이렇게 말씀하셨다고 한다. "먼저 가서 즐기세요. 저도 조금 있다가 따라갈게요." 다음 날 친구의 아버지는 아내에게 입맞춤을 할 수 있을 정도로 잠시 상태가 좋아지셨다가 이내 사랑하는 아내와 곧 함께할 수 있을 것이라는 확신 속에서 돌아가셨다.

이처럼 병원의 침대에서나 증기 롤러 밑에서나 그리스도인들은 하나님의 임재 속에서 영원한 기쁨을 확신하며 죽음을 맞이할 수 있다. 모든 신자는 믿음으로 하나님의 아들과 연합함으로써 하나님의 자녀가 되었기 때문에 부활의 세계, 곧 하나님의 나라에서 영광스러운 상급을 약속받았다. 죽음 이후 모든 그리스도인에게 이 상급이 확실하게 주어질 것이다. 우리는 분명 이 상급을 크게 누릴 것이다!

이러한 하늘 상급의 소망은 에베소 장로들에게도 건강한 교정 조치였다. 그들은 자기 자신을 위해 흥청망청 쓰고 자식에게 물려줄 재물을 잔뜩 쌓아 놓던 부유한 국제도시인들 사이에서 살고 있었기 때문이다. 하늘에 있는 우리의 상급은 세상 안락함의 노예가 되는 것으로부터 우리를 자유롭게 하여 희생과 섬김의 삶을 살게 한다.

우리의 이 상급은 전도하는 자세에서도 매우 중요하다. 베드로는 이렇게 말했다.

> 너희 속에 있는 소망에 관한 이유를 묻는 자에게는 대답할 것을 항상 준비하되(벧전 3:15).

돈으로 살 수 있는 자신감의 허울이 벗겨질 때, 특히 암에 걸리는 등 우리 삶의 약함이 드러날 때, 많은 비신자들이 죽음 뒤에 놓인 무언가를 두려워한다. 우리의 문화는 "먹고 마시고 즐기다가 내일 죽자!"라고 말한다. 그러나 파티가 끝나고 주섬주섬 빈 술병을 치울 때면 두려움이 우리의 영혼을 갉아먹기 시작한다. 세상은 셀 수 없이 많은 허황된 믿음과 일시적인 사랑을 양산해 낸다. 그렇다면 견고한 부활의 소망은 어떠한가? 이것이야말로 참으로 진귀한 보배다!

더욱이 천국은 그리스도 안에서 먼저 눈을 감은 사랑하는 이들로 인한 우리의 괴로움과 우리 자신의 마지막 때를 위한 큰 위로다. 그것이 증기 롤러 아래에서든, 병원 침대에서 마지막 숨을 내쉴 때이든 상관없이 말이다.

요한계시록 22장에서 하나님은 우리를 기다리고 있는 부활 세계의 상급에 대한 엄청난 장면을 보여 주신다. 구약의 놀라운 상징들로 가득 찬 다음의 구절을 살펴보자.

또 그가 수정같이 맑은 '생명수의 강'을 내게 보이니 하나님과 및 어린양의 보좌로부터 나와서 길 가운데로 흐르더라. 강 좌우에 '생명나무'가 있어 열두 가지 열매를 맺되 달마다 그 열매를 맺고 그 나무 잎사귀들은 만국을 치료하기 위하여 있더라. 다시 저주가 없으며 하나님과 그 어린양의 보좌가 그 가운데에 있으리니 '그의 종들'이 그를 섬기며 그의 얼굴을 볼 터이요 그의 이름도 그들의 이마에 있으리라. 다시 밤이 없겠고 등불과 햇빛이 쓸데없으니 이는 주 하나님이 그들에게 비치심이라. 그들이 세세토록 왕 노릇하리로다(계 22:1-5).

요한계시록의 마지막 부분이자 성경 전체의 마지막 부분인 이 대목에서 우리는 어느 전원 도시 같은 낙원의 모습을 엿보게 된다. 바로 예수님의 죽음과 부활로 인해 구원받고 중생한 하나님의 백성들이 있는 곳 말이다. 이 천상의 예루살렘 도성은 단지 에덴동산의 발전된 모습만을 담고 있지 않다. 왕과 나라와 순전함과 강렬함이 존재하는 도시 문명의 특징까지도 지닌다. 이는 아들을 위한 혼인 선물이자 하나님의 백성들이 거할 처소로서 하나님이 이 우주에 행하신 '극단적 쇄신'이다.

지금부터 우리가 살게 될 새로운 처소에 대해 간단히 살펴보자.

생명수의 강(영적 부요함, 계 22:1)

"생명수의 강"은 무한한 동력을 가진 생명수가 동산 전체에 흐르는 것으로 묘사된다. 이는 "수정같이 맑은" 생명수이기에 우리를 영적으로 정결하게 해 준다. 이 강은 "길 가운데로" 흐른다. 이는 구속된 자들이 기쁨과 평안 가운데 걷게 될 거룩하고 아름다운 대로의 예언을 상기시킨다(사 35:8). 이 물은 지상의 물과 다른 것이므로 강 또한 아마존강이나 나일강과는 차원이 다르다.

하나님은 에스겔 47장에서 그분의 임재로부터 축복이 범람하여 흐를 것이라고 약속하셨다. 그 환상 중에 에스겔은 흐르는 물 가운데로 걸어 들어간다. 처음에는 발목이 잠기고, 곧이어 무릎이 잠기고, 허리가 잠기고, 마침내 축복의 바다가 되어 온몸이 잠긴다. 예수님은 우물가에 있던 사마리아 여인에게 말씀하셨다. "내가 주는 물을 마시는 자는 영원히 목마르지 아니하리니 내가 주는 물은 그 속에서 영생하도록 솟아나는 샘물이 되리라"(요 4:14). 그리고 이 말을 나중에 다음과 같이 설명해 주셨다.

> 명절 끝날 곧 큰 날에 예수께서 서서 외쳐 이르시되 누구든지 목마르거든 내게로 와서 마시라. 나를 믿는 자는 성경에 이름과 같이 그 배에서 생수의 강이 흘러나오리라 하시니 이는 그를 믿는 자들이 받을 성령을 가리켜 말씀하신 것이라(요 7:37-39).

다시 요한계시록으로 돌아와서 우리는 그분의 자비로운 초청을 듣게 된다. "오라 하시는도다. 듣는 자도 오라 할 것이요 목마른 자도 올 것이요 또 원하는 자는 값없이 생명수를 받으라 하시더라"(계 22:17). 이는 예수님께서 우리가 처음으로 그분을 믿을 때 우리를 "기업의 보증"(엡 1:14)으로 인 치셨지만, 이것은 천국을 향하는 우리가 하늘 대잔치의 첫 번째 코스를 시작한 것에 불과하다는 것을 의미한다. 우리는 결코 이 세상에서 온전히 만족하거나 채워질 수 없다. 그러나 언젠가 천국에서 예수님이 우리를 그분의 성령으로 가득 채우시고, 단숨에 목마름을 잠재우는 만족감과 생명의 정결함을 풍성하게 공급해 주실 것이다.

그러므로 만약 영생에 대한 목마름이 있다면, 예수님께 나아가 성령님으로부터 오는 이 삶의 첫 잔을 맛보라. 그리고 살아 계신 성령님에 의해 완전하게 채워지고, 만족하고, 정결해지고, 새로워질 것을 기대하라. 바로 그 생명수의 강에서 말이다!

생명나무(영원한 구원, 계 22:2)

생명수의 강 좌우에는 "생명나무"가 있다. 원래 이 나무는 아담과 하와를 영원히 에덴동산에서 살게 해 주는 나무였다. 하지만 그들이 하나님께 반역하여 이 나무에 접근할 수 없게 되었고, 그들에게 실질적인 죽음이 찾아오게 되었다. "강 좌우 가에는 각종 먹을 과실나무가 자라서"(겔 47:12)라는 말씀에서 보듯, 하나님은 나무 한 그루가 아니라 풍성한 과수원을 약속하신다. 이러한 축복은 요한계시록에 기록된 강 좌우의 나무에도 나타난다. "열두 가지 열매를 맺되"라는 표현은 하나님의 백성을 위한 온전한 양식을 의미한다. 그 나무의 잎들은 "만국을 치료하기 위하여" 존재하며, 죄로 인한 우리 영혼의 상처와 육신의 부패를 치료해 준다.

뿐만 아니라 여기에 나오는 '나무'(tree)라는 단어는 일상적인 나무가 아닌 '가공된 나무'(wood)의 의미를 지닌다. 사도행전에서 베드로는 예수님을 죽인 자들을 정죄하며 이 단어를 세 번이나 사용했다. "너희가 나무에 달아 죽인"(행 5:30), "그를 그들이 나무에 달아 죽였으나"(행 10:39), "나무에서 내려다가 무덤에 두었으나"(행 13:29). 그리고 예수님에 대해 "친히 나무(wood)에 달려 그 몸으로 우리 죄를 담당하셨으니 … 그가 채찍에 맞음으로 너희는 나음을 얻었나니"(벧전 2:24)라고 기록했다.

따라서 이 생명나무는 예수님이 우리 죄를 위해 달려 돌아가신 십자가를 상징한다! 에덴동산에 있던 생명나무는 미래에 있을 그리스도의 십자가에 대한 살아 있는 상징이었다. 마찬가지로 새 창조에 있을 생명나무는 그리스도의 십자가를 기억하게 하는 상징이 된다. 우리는 이 세상에서 우리의 성품과 관계 안에 들어온 죄의 흔적으로부터 결코 온전히 자유할 수 없을 것이다. 그러나 언젠가는 천국에서 영원한 구원과 치유를 누리게 될 것이며, 그 모든 것은 나무 십자가에 못 박히신 예수님의 죽음으로부터 얻어진다. 즉 생명나무는 바로 십자가를 나타낸다.

그의 종들(특권을 가진 자, 계 22:3-5)

"그의 종들이 그를 섬기며"(계 22:3). 우리는 하나님을 섬기게 될 것이다. 이 표현은 성전 안에서 대제사장이 행하던 섬김을 의미한다. 즉 천국에서는 우리의 모든 삶이 하나님을 향한 온전한 예배의 삶이 될 것이다. 아버지께 완벽히 순종하며 그분을 기쁘시게 하는 삶은 얼마나 기쁨이 넘치겠는가?

"그의 얼굴을 볼 터이요"(4절). 우리는 예수님의 얼굴을 보게 될 것이다. 예수님의 얼굴이 궁금하지 않은가? 그분이 우리를 만나기 위해 한 명 한 명 이름을 부르신다면 얼마나 황홀하겠는가? 그분 앞에 엎드려 있을 때 우리의 어깨를 어루만지시는 그분의 못 자국 난 손길과 우리를 일으켜 세우시고 우리를 향해 웃으시는 그분의 미소를 상상해 보라. "잘하였도다. 착하고 충성된 종아 … 네 주인의 즐거움에 참여할지어다"(마 25:21)라고 말씀하시는 주님의 음성! 주님이 그때와 똑같은 음성과 억양으로 말씀하시며 미소 지으실 때 우리는 영원히 전율할 것이며, 이 땅에서의 고난은 아무것도 아닌 것처럼 느껴질 것이다.

"그의 이름도 그들의 이마에 있으리라"(계 22:4). 우리 이마에는 하나님의 이름이 있을 것이다. 우리는 공개적으로 그분의 소유가 될 것이다. 나는 영국의 축구 스타 데이비드 베컴 선수처럼 인상적인 문신을 새기고 싶었지만 그러지 못했다. 하지만 천국에서는 데이비드 베컴의 문신과는 비교도 안 될 만큼 영광스러운 표시를 몸에 지니게 될 것이다. 우리가 천국을 거닐 때 천사들은 우리에게 하나님의 이름이 새겨진 것을 보고 영광스러운 하나님의 자녀에게 걸맞은 자리를 내어 줄 것이다. 우리에게 새겨진 이름은 우리가 공식적으로 하나님의 소유라는 것을 의미한다. 그리고 우리에게 하나님의 가족으로서 새로운 특권을 부여해 준다!(마치 영국에서 신부가 결혼을 하면 신랑의 성을 따라 새로운 성을 갖게 되는 것처럼 말이다)

"그들이 세세토록 왕 노릇하리로다"(5절). 우리는 영원히 다스리게 될 것이다. 은혜의 역설적인 면은 용서받은 종들이 천국에서 왕으로 다스리게 될 것이라는 사실이다. 우리는 어리석게도 이 땅의 자원을 낭비하며 이기적으로 이용해 왔다. 그러나 어린양은 지혜와 순결함으로 새 창조의 세계를 다스리게 할 것이다.

하나님의 임재 안에서 사는 천국의 삶이 얼마나 장엄하고 경이로울지 상상이 되는가?

2012년 8월 4일 런던올림픽에서 나는 육상선수인 제시카 에니스, 그렉 러더포드, 모 파라가 금메달을 따는 경이로운 46분 동안 자녀들과 함께 경기장에 있는 행운을 누렸다. 그 기쁨은 말로 형용할 수 없었다. 경기장이 떠나갈 정도로 함성을 질러 댔다. 이는 내가 경험한 그 어떤 스포츠보다 환상적이었다. 그러나 환호가 그칠 때 즈음 나는 딸에게 이렇게 속삭였다. "멀리 뛰고, 창을 던지고, 긴 거리를 뛰는 몇몇 운동선수들 때문에 이토록 기쁘다면 왕 중의 왕이신 주님이 무대에 등장하실 때에는 얼마나 좋을까?" 아마도 그 현장에 있는 것만으로 엄청나게 환상적일 것이다!

이와 같이 예수님을 아는 것은 우리 삶의 모든 면을 한층 더 낫게 만든다. 그러나 이 세상의 삶이 완벽하지 않다 해도 지나치게 실망하지 말라. 우리는 심판 아래 있는 이 세상에서 우리 십자가를 지고 분투하며 힘겹게 예수님을 따라가야 한다. 다시 한 번 바크만 터너 오버드라이브의 명곡을 인용하자면, 어느 날 우리는 이렇게 깨닫게 될 것이다. "당신은 아직 아무것도 보지 못했어!"

천국 소망은 전도로 이어진다

앞에서 살펴본 강, 나무, 면류관, 종을 사용한 하늘 낙원에 대한 묘사는 전도의 동기를 불어넣어 준다. 우리 중 누구도 가족이나 친구, 동료들이 천국이 아닌 영원히 고통받는 지옥에 떨어지는 것을 원하지 않기 때문이다. 이 또한 분명 우리가 선포해야 할 메시지 중 하나다. 만약 우리가 이 땅에서의 삶만을 말한다면, 많은 사람이 왜 기독교인이 되는 것이 그리도 가치 있는 일인지 납득하기 어려울 것이다. 하지만 우리가 이생 너머의 장래를 말한다면 천국의 행복과 지옥의 공포가 명백해질 것이다. 또한 구세주에 대한 필요도 더욱 명확해질 것이다.

천국 소망은 믿음을 굳게 한다

천국에 도달했을 때 당신은 결코 실망하지 않을 것이다. 우리는 하나님이 영원토록 경이로우시며, 우리의 가장 큰 만족과 기쁨이 되심을 발견하게 될 것이다. J. C. 라일(J. C. Ryle)은 자신의 책 『천국』(Heaven)에서 신자들이 영원에 대해 어떻게 생각해야 하는지 감동적으로 기록했다.

천국에 대해 자주 묵상하며 장차 마주할 좋은 것들을 기뻐하는 일에 두려워하지 맙시다. 최후의 적인 죽음과 보이지 않는 세계를 생각할 때면, 신자의 마음도 종종 넘어진다는 것을 알고 있습니다. 죽음의 요단강은 어떻게 건너든 차갑기 마련이고, 수많은 사람이 그 강을 건널 생각에 두려워 떱니다. 그러나 강 저편을 기억하며 평안을 취합시다. 그리스도인들이여, 구세주를 뵙고 그 아름다움 가운데 계신 여러분의 왕을 뵙는다 생각해 보십시오. 마침내 믿음이 시야에서 사라지고 소망이 불확실해질 때, 여러분보다 먼저 간 사랑하는 수많은 사람을 떠올리고 그들과 행복하게 만날 것을 생각하십시오. 여러분은 낯선 나라로 가고 있는 것이 아닙니다. 고향에 가는 중입니다. 여러분은 낯선 사람들이 아닌, 친구들과 살게 될 것입니다. 안전하고, 평안하며, 당신을 반겨주고, 그치지 않을 찬양에 참여할 그들을 보게 될 것입니다. 그러니 마땅히 평안과 인내를 취합시다. 우리 앞에 놓인 이 사실들로 인해 우리는 이렇게 말할 수 있을 것입니다. "그리스도인이 된다는 것은 그 무엇보다 값지다네".

질문과 적용

1. 새 창조에 관하여 어떤 것이 가장 기대됩니까?

2. 천국 소망이 어떤 방식으로 고통과 아픔의 시간을 견디게 합니까?

3. 천국 소망이 복음 전도에 어떤 영향을 끼칩니까?

> 최후 심판, 천국과 지옥, 구세주의 지속적인 필요에 대한 가르침이 당신이 속한 교회 안에서 적절하고 올바르게 이루어지고 있습니까?

약한 사람들을 도우라

주는 것이 받는 것보다 더 복되다

20

"내가 아무의 은이나 금이나 의복을 탐하지 아니하였고 여러분이 아는 바와 같이 이 손으로 나와 내 동행들이 쓰는 것을 충당하여 범사에 여러분에게 모본을 보여 준 바와 같이 수고하여 약한 사람들을 돕고 또 주 예수께서 친히 말씀하신 바 주는 것이 받는 것보다 복이 있다 하심을 기억하여야 할지니라"(행 20:33-35).

본문에서 바울은 마치 사무엘 선지자의 메시지(삼상 12장)를 모방하듯 에베소교회에 자신의 재정적인 정직과 관대함을 상기시키고 있다. 즉 바울 자신이 에베소 교인들 앞에서 재정적으로 거리낄 것이 없으며, 오히려 복음 사역에 필요한 재정을 자신과 동역자들이 직접 충당하는 방식으로 그들에게 헌신과 관용을 베풀었다는 점을 강조한다.

이러한 변호 끝에 바울은 그리스도인들이 새겨야 할 두 가지 큰 원칙을 제시한다. 곧 "수고하여 약한 사람들을 돕고", 예수님이 말씀하신 바와 같이 "주는 것이 받는 것보다 복이 있다"는 것이다.

바울이 제시한 이 원칙은 개혁 교회의 '복지 사역과 사회 정의 문제에서 어떤 위치를 점하고 있는가?'에 대해 많은 논의를 불러일으킨다.

사회 참여는 복음 전도를 방해하는가?

사회 참여에 대해 교회들은 각기 다른 방식을 취한다. 어떤 교회는 교인들의 복음 전도에 방해가 되지 않을까 우려하여 성도들의 사회 활동 참여를 금하고 있다. 나는 복음 전도에 집중해 온 코미션에서 개척 교회들이 성장하는 모습을 지켜보았다. 그들은 활발한 사회 참여 역량으로 새로운 교인들을 끌어들이며, 이를 그리스도를 전할 기회로 삼고 있다. 예를 들면 교도소 방문 사역, 원치 않는 임신을 한 임산부를 위한 사역, 금융 위기 상담, 노숙자 사역, 상담 사역, 길거리 사역 등이다. 그렇다면 우리는 이러한 사역에 교인들이 참여하게 해야 할까, 아니면 참여하지 못하게 해야 할까?

또 다른 부류의 교회들은 앞에서 언급한 사역에서 성도들의 개별적인 사회 참여는 허용하지만, 이를 교회적으로는 진행하지 않는다. 그러한 지침은 사회 정의에 대한 지나친 관심이 교회를 복음으로부터 돌아서게 만들 수 있다는 점을 간파한 것이라 할 수 있다. 그러한 교회들은 사회 참여 사역이 선교단체나 개인에게 맡겨야 하는 것이고, 교회는 말씀 사역에 집중해야 하는 곳이라고 생각한다. 하지만 그러한 생각이 과연 옳은 것일까?

또 다른 교회는 특정 사역이 복음을 통한 회심을 일으키는지에 관계없이 모든 사회 복지 사역에 참여해야 한다고 주장한다. 또한 그것이 곧 선교라고 가르치기도 한다. 케이프타운에서 열린 세계복음주의 로잔 대회는 바로 그러한 맥락에서 사회 정의와 고통 경감을 위한 노력의 필요성을 강조했다. 많은 개혁적 복음주의자들이 참석한 그 대회에서 존 파이퍼 목사는 다음과 같은 주장을 우리에게 다시금 상기시켰다. "고통을 덜어 주려는 온갖 노력을 도모할 때도 우리는 그리스도를 선포하여 영원한 고통을 덜어 주어야 한다는 사실을 잊지 말아야 합니다." 이 말은 복음 전도의 우선순위를 보여 준다. 그렇다면 교인들이 어떠한 사회 참여 사역도 하지 말아야 한다는 뜻일까? 이에 대해 성경이 말하는 바를 간략히 살펴보겠다.

하나님은 가난한 자들에게 관심을 가지신다

성경은 지속적으로 온 만물, 특히 우리의 물리적인 필요와 영적인 필요에 관심을 기울이시는 창조주 하나님을 찬양한다. 예를 들면 "나 여호와는 사랑과 정의와 공의를 땅에 행하는 자인 줄 깨닫는 것이라. 나는 이 일을 기뻐하노라"(렘 9:24)라는 말씀처럼 말이다.

성경에 제시되는 가난한 자는 크게 네 그룹으로 나누어진다. 바로 '고아'(낙태되는 아기, 행정 기관으로부터 방치된 아이 포함), '과부'(학대받거나 성매매의 대상이 되는 여성 포함), '외국인'(난민과 노숙자 포함), 그리고 '빈민'(한부모 가정, 독거노인, 장애인, 장기 실업자 포함)이다.

하나님이 이러한 사람들에 대해 이스라엘에게 주신 말씀은 오늘날의 교회와 성도들 역시 받아들여야 할 말씀이다.

말씀 사역에 방해되지 않는 선에서 약자들을 도우라

야고보는 다음과 같이 경고한다.

만일 형제나 자매가 헐벗고 일용할 양식이 없는데 너희 중에 누구든지 그에게 이르되 평안히 가라, 덥게 하라, 배부르게 하라 하며 그 몸에 쓸 것을 주지 아니하면 무슨 유익이 있으리요. 이와 같이 행함이 없는 믿음은 그 자체가 죽은 것이라(약 2:15-17).

하지만 헬라파 과부들이 초대교회의 구제 대상에서 배제되어 교회에 논란이 발생했을 때, 사도들은 말씀 사역을 제쳐 두는 것이 마땅하지 않다고 이야기했다. "우리가 하나님의 말씀을 제쳐 놓고 접대를 일삼는 것이 마땅하지 아니하니"(행 6:2). 이 말은 사도들이 교회 안에 존재하는 가난한 자들을 돕는 일을 모른 척하거나 그만두겠다는 말이 아니었다. 오히려 경건하고 지혜로운 사람들을 임명하여, 그들이 기도하며 돕고 구제하게 했다. 결국 사도들은 구제 사역의 필요성을 확언하는 동시에 말씀 사역의 최우선순위를 명확히 한 것이다. 그 결과 성경은 "하나님의 말씀이 점점 왕성"하였다(행 6:7)고 증언한다. 우리는 예루살렘 교회의 두 가지 모습을 기억해야 한다. 곧 뛰어난 설교로 말씀 사역을 맡았던 성경 교사들과 교회 안의 가난한 자들을 구제하기 위해 위임받은 이들의 탁월한 사역이다. 그들의 구제 사역은 구제 자체로 끝나지 않고 말씀 사역을 돕고 말씀을 통한 영혼 구제 사역으로 확대되었다.

선한 사마리아인처럼 이웃을 사랑하라

그렇다면 교회 밖에 있는 비신자들은 어떨까? 우리 지역 사회에 있는 비신자들의 사회적 필요는 무시해야 하는 것일까? 예수님은 재산을 팔아 가난한 자들에게 주고, "가난한 자들과 몸 불편한 자들과 저는 자들과 맹인들을 청하라"(눅 14:13)고 말씀하시며 그들의 삶에 관여하라고 이야기하셨다. 이 말씀이 사회 복지 사역은 제외하고 오직 비신자들의 '영적인 필요'에 대해서만 이야기하는 것일까?

누가복음 4장에서 예수님은 구약에 약속된(사 61장), 가난한 자를 위한 복음의 좋은 소식이 성취되었다고 선언하신다. 영적으로 가난해 보이고 복음이 필요한 회당의 청중들에게 복음을 선포하시면서 말이다. 하지만 예수님은 선한 사마리아인의 비유(눅 10장)로 물리적인 필요에 직면해 있는 이들에 대한 도움도 이야기하셨다(이 본문을 단순히 복음 전도의 관점으로만 해석하면 엉뚱한 결론에 이르게 된다).

우리는 예수님께서 치유 사역이 아닌 복음 사역에 우선순위를 두시면서도(막 1:38), 예수님께 나아온 사람들을 치료하셨다는 사실을 기억해야 한다! 예수님께서는 사회 복지 사역에 중점을 두시지 않았지만, 복음을 선포하러 다니시는 중에도 물리적 필요를 지닌 사람들을 무시하지 않으셨다!

그렇다면 우리는 어떻게 예수님처럼 말씀 사역의 우선순위를 지켜 나가면서도 선한 사마리아인처럼 순종할 수 있을까?

세상에서의 사역: '더욱'의 원리

그리스도인은 복음 전도만 할 수 없다. 하나님의 말씀은 그보다 더 많은 것을 요구하기 때문이다. 그렇다고 해서 우리가 그 모든 것을 동등한 우선순위로 감당할 수 있는 것도 아니다. 우리의 자원은 한계가 있기 때문이다. 그렇기 때문에 예수님과 사도들은 말씀 사역을 우선순위에 두고 사역했다(막 1:38; 행 6:4). 그럼에도 때때로 말씀 사역의 우선성이라는 말은 복음 전도밖에 하지 않겠다는 배타적이고 냉소적인 말처럼 들리곤 한다. 이러한 점에서 바울이 사용한 "더욱"이라는 표현은 우리에게 큰 도움을 준다.

> 그러므로 우리는 기회 있는 대로 모든 이에게 착한 일을 하되 '더욱' 믿음의 가정들에게 할지니라(갈 6:10).

여기에서 바울은 믿음의 가정에 우선순위를 둘 것을 권한다. 하지만 우리가 속한 공동체에도 선한 일을 할 것을 이야기하고 있다.

사회 참여 사역과 복음 전도 사역 모두 우리의 이웃을 사랑하는 방법이다. 전자는 훌륭한 사역이지만 이 땅에서 일시적인 유익이 있는 반면, 후자는 현재와 다가올 미래에 영광스러운 유익을 주는 위대한 사역이라고 할 수 있다. 이러한 점에서 선한 사마리아인의 비유는 이 둘의 관계를 이해하는 데 도움이 되는 세 가지 원칙을 제시해 준다. 이 원칙은 다른 환경에서 각각 다른 방법으로 지혜롭게 적용되어야 한다.

1. 더욱 약한 자들에게(눅 10:30)

선한 사마리아인의 비유에서 예수님은 예루살렘에서 여리고로 가는 위험천만한 길목에서 강도당한 사람에 대해 묘사하신다. "강도를 만나매 강도들이 그 옷을 벗기고 때려 거의 죽은 것을 버리고 갔더라"(눅 10:30).

이 상황을 요즘 말로 바꿔 보면 다음과 같을 것이다. "강도들이 야구 방망이로 그의 머리를 때리고, 맥주병으로 등을 찌르고, 발로 차서 길바닥에 눕힌 후 마구 때려 그의 휴대폰, 지갑, 운동화를 빼앗았고, 피를 흥건히 흘린 채 의식불명으로 쓰러져 있는 그를 버리고 갔다."

예수님은 30절을 통해 우리에게도 같은 사건이 발생할 수 있음을 묘사하셨다. 우리는 '도둑'이라는 이름으로, '정리해고', '암', '자녀의 죽음', 그리고 '도박'이나 '포르노 중독'이라는 이름으로 찾아오는 강도와 마주할 수 있다. 사실 많은 사람이 벌써 이러한 부분을 겪었다. 어떤 사람은 "그 사람은 왜 굳이 위험천만한 길을 혼자 지나다 그런 사고를 당했냐"고 투덜거릴 수 있겠지만, 예수님은 이에 대해 책망하지 않으신다. 우리 모두가 잘못된 선택을 하고, 어리석은 일을 저지르기 때문이다. 부유하게 사는 이들이 가난하고 병든 자들의 약함을 보며 그들의 어리석음 때문이라고 비난하는 것만큼 추한 일이 없다. 더군다나 죄악과 어리석음에도 불구하고 그리스도께서 우리를 구원해 주셨다는 사실을 아는 그리스도인이 그런 식으로 생각한다면 그는 정말 추한 자다. 바로 그러한 점에서 예수님은 약자들에게 관심을 가지라고 분명하게 말씀하시는 것이다.

일부 개혁파 복음주의자들은 우리 사회의 리더들이 지닌 영향력을 잘 활용하려면 사회 일반 영역, 곧 평범한 이들에 대해서는 비교적 적게 관심을 갖고 특정 엘리트 집단에 집중적으로 사역을 펼쳐야 한다고 주장하기도 한다. 위대한 지도자들이 열악하고 도전적인 환경 속에서 만들어진다는 사실을 차치하고라도, 우리는 좋은 사립학교 학생들과 젊은 전문가들을 위해서도 사역해야 한다. 하지만 그들은 점진적으로 우리 도시의 모든 지역사회에 접근하는 데 사용되어야 한다. 사회의 약자들을 무시한 채 그들과 같은 엘리트 집단에게만 다가가는 교회와 사역을 양산해서는 안 된다. 물론 우리에게는 자원이 넉넉한 회중도 필요하다. 그런 회중들을 통해 약자들을 대상으로 사역하는 교회들을 도울 수 있기 때문이다.

2. 더욱 우리 이웃에게 (눅 10:31-32)

하나님은 우리에게 자기 자신을 관대하게 사랑하는 것처럼 이웃을 사랑하라고 명령하신다. 그리고 예수님은 우리가 도와주어야 하는 사람들의 범위를 우리와 가까운 자들로 제한하지 않으셨다. 오히려 예수님은 이웃의 범위를 인종, 종교, 계층이나 문제의 종류와 상관없이 우리가 마주치는 모든 어려운 상황에 놓인 자들까지 확대하셨다. 하지만 내 가까운 이웃도 돕지 않고 어떻게 먼 이웃을 도울 수 있겠는가?

사마리아인의 비유에 등장하는 제사장과 레위인은 당대의 존경받는 지도자들로, 가난한 유대인을 돕기 위해 성전에서 돈을 받던 자들이다. 하지만 그들은 강도 만난 사람을 지나쳐 갔다. 예컨대 당신이 지하철역에서 피를 뒤집어쓴 채 하수구에 고꾸라져 있는 사람을 발견했다고 하자. 그때 당신은 어떻게 반응할 것 같은가? 사람들의 반응을 크게 세 가지 정도로 예상해 볼 수 있다.

- 난 그 사람을 몰라. 그 사람이 위험한 사람일 수도 있고, 그 사람 때문에 괜한 문제에 휘말리거나 심지어 법적인 문제까지 연루될 수도 있어. 어쩌면 그 근방에 폭력배가 있을지도 몰라!
- 난 이미 중요한 모임에 늦었어. 나를 기다리는 사람들을 실망시키고 싶지 않아!
- 난 하나님을 위해 선한 일을 많이 하고 있어. 가난한 사람은 늘 있었잖아? 중요한 것은 복음 전도야. 그러니 그냥 용기 있게 지나가야지!

선한 사마리아인의 비유에서 예수님은 인류의 이기심을 강조하셨다. 그 이기심은 우리 중 가장 뛰어난 사람에게도 발견되며, 실천적인 사랑을 평가절하하는 종교적인 사람에게서도 발견된다. 물론 예수님은 팔레스타인으로 향하는 모든 제사장과 레위인에게 길목을 돌아다니며 구타당한 여행객을 찾고, 교회 사역은 내팽개치라고 말씀하시는 것이 아니다(사마리아인 역시 다친 사람을 돌보아 준 다음에는 자기 갈 길을 갔다). 또한 우리에게 전 세계 모든 이웃을 도우라고 말씀하시는 것도 아니다. 전 세계는커녕 우리 주변 이웃들의 필요도 다 감당해 낼 수 없기 때문이다. 예수님은 우리가 매 순간 우연히 만나게 되는 바로 그 사람, 곧 우리가 전심을 다해 도와줄 수 있는 한 사람을 도와주라고 요청하시는 것이다.

예수님은 단 한 번도 사회 참여를 위해 복음 사역을 버려도 된다고 말씀하신 적이 없다. 그렇다고 해서 온종일 복음 전파만 할 수 있는 사람도 없다. 또한 예수님은 복음 전파를 위한 에너지와 재원을 구제 사역으로 돌려야 한다고도 말씀하시지 않았다. 다만 곤경에 처한 주위 사람들에게

손을 내밀라고 말씀하셨다. 우리는 같은 아파트에 사는 할머니를 도와드릴 수 있고, 직장에서 고통받고 있는 동료를 도와줄 수 있다. 또 우리가 사는 지역에서 직장을 구하고 있는 이주민 가정을 도울 수도 있다. 영적으로 참혹하게 뒹굴던 우리에게 예수님이 찾아오셨기 때문이다.

3. 더욱 복음으로 (눅 10:33-35)

우리는 사람들의 '모든' 필요에 부응하고 싶어 한다. 복음에 대한 필요에는 '더욱' 그러하다.

예수님은 선한 사마리아인의 긍휼을 다음과 같이 묘사하셨다. "자기 짐승에 태워 주막으로 데리고 가서 돌보아 주니라. 그 이튿날 그가 주막 주인에게 데나리온 둘을 내어 주며"(눅 10:34-35).

사마리아인은 강도 만난 사람을 보자마자 도망가거나 구급차를 부르지 않고, 그를 직접 데리고 주막으로 가서 그가 치료받는 데 필요한 비용을 지불했다. 이 모습이 바로 실천하는 사랑이다. 대가를 지불하는 자기부인적 사랑 말이다. 당시 사마리아인은 유대인들에게 혐오의 대상이었다. 하지만 비유에 등장하는 사마리아인은 자신이 차별받은 경험을 변명거리로 삼아 도움이 필요한 이웃을 무시하지 않았다. 그는 타인에 대한 경멸이나 책임을 회피하려는 처세술로 자신의 마음이 굳어지게 하지 않았다. 또한 하나님께 대가를 바라는 심산으로 그 사람을 도와준 것도 아니었다. 그 사람이 감사하며 자기 교회에 오게 될 것을 기대하며 도와준 것 같지도 않다! 그는 단지 넘치는 긍휼로 그 사람에게 필요한 일을 했다. 그를 불쌍히 여긴 것이다.

하지만 예수님께서 어떠한 방식으로 우리에게 헌신적이고도 실천적인 사랑을 베푸셨는지 생각해 보면, 가장 위대한 사랑은 곧 '복음 전도'라는 사실을 깨달을 수 있다. 이 세상 모든 사람이 절실하게 구세주를 필요로 한다(실제로 사회 변혁을 위한 가장 강력한 동력은 복음 전도라고 할 수 있다. 하나님의 말씀을 통해 역사하시는 성령님만이 사람들을 사회의 악으로부터 회개하게 만들어 변화된 심신을 갖게 하기 때문이다). 이러한 점에서 예수 그리스도는 '위대한 사마리아인'이셨다. 우리의 절실한 영적 필요를 위해 이 땅에 오셔서 죄악 가운데 죽어가는 우리를 구원하셨기 때문이다. 그렇다고 해서 복음 전도의 기회를 만들기 위해 억지로 타인을 긍휼히 여기며 돌보면 안 된다(우리의 모든 행위의 목적이 주님께 영광을 돌리는 것이며, 복음 사역이 목적이 되어야 함에도 그러하다). 그러한 행위는 타인을 쉽게 조종하려는 속임수로 변할 수 있기 때문이다. 긍휼의 사역은 순전히 하나님께서 기뻐하시는 정의와 의를 행한다는 생각으로 감당해야 한다. 그러다 보면 복음 전도를 위한 기회가 찾아오곤 한다. 그것은 바로 사람들이 우리의 섬김에 대한 이유를 궁금해하며 묻는 순간이다. 그러한 순간에는 복음이 우리가 그 사람들에게 전해 줄 수 있는 가장 귀한 선물이다. 복음 전도는 사람들이 영원한 고통에서 벗어날 수 있도록 돕는 최고의 사역이기 때문이다. 결국 복음 전도는 타인을 가장 사랑하는, 그리고 가장 큰 은혜를 베푸는 사역이 된다.

그러므로 복음 전도로 바쁘지 않을 때에는 궁핍한 이웃을 돕기 위한 기회를 가져야 한다. 예수님은 사마리아인의 비유를 결론지으시며 "가서 너도 이와 같이 하라"(눅 10:37)고 직설적으로 말씀하셨다.

지금까지 살펴본 내용을 요약해 보자. 교회와 교인에게는 다양한 역할이 맡겨졌다. 교회와 교회의 지도자는 성도들이 교회와 세상 속에서 모든 민족을 그리스도의 제자 삼는 사역을 감당하는 데 준비되도록 집중해야 한다. 이를 위해 목회자들은 교회 안에 있는 가난한 자들이 적절한 보살핌을 받게 해야 한다. 하지만 그러한 사역에 직접 참여하기보다 성도들이 선한 사마리아인처럼 살도록 기도와 말씀 사역에 헌신해야 한다.

신자 개인은 구별된 긍휼의 방식으로 살아가고 일해야 한다. 이를 위해 사회적, 정치적으로 중요한 영향력을 발휘하는 직업을 택할 수도 있고, 어려운 이웃을 돕는 기금을 조성하기 위해 높은 연봉을 받는 직업을 선택할 수도 있다. 복음 사역을 더욱 잘 감당하기 위해서 말이다.

이러한 점에서 바울이 장로들에게 복음 사역을 위한 헌금을 제안한 것은 약자들을 돕는 구체적인 예라고 할 수 있다. 직장에 다니는 그리스도인 대부분은 재정적 지원을 할 만한 기회가 없거나 여건이 되지 못한다. 하지만 그 규모가 크든 작든, 성도가 복음 사역의 후원자가 되는 것은 매우 고결한 일이다. 이는 윌리엄 틴데일(William Tyndale), 존 뉴튼(John Newton), 찰스 시므온(Charles Simeon)의 복음 사역을 열렬히 지지했던 몬머스(Monmouth), 손턴(Thornton), 헌팅던 백작부인(Countess of Huntingdon)에서부터 고된 육체 노동으로 천막을 만드는 일을 했던 바울에게까지 거슬러 올라가는 귀한 전통이다. 우리는 삶의 모든 영역에서 남을 긍휼히 여기는 마음을 갖고 선한 사마리아인처럼 살아야 한다. '더욱' 믿음의 가정을 향해, '더욱' 가난한 자들을 향해, '더욱' 우리의 이웃을 향해, '더욱' 복음으로 말이다. 그러한 우리의 삶을 통해 사람들은 가장 위대하고 선한 사마리아인이신 그리스도를 보게 될 것이다!

질문과 적용

1. 우리는 세상이 가진 수많은 물리적 필요 앞에서 당혹감과 난처함을 느끼게 됩니다. 그러한 상황에서 선한 사마리아인의 비유는 우리에게 어떤 도움을 줍니까?

2. 예수님이 교회에 원하시는 것과 성도 개인에게 원하시는 것이 어떻게 다릅니까?

3. 복음 전도를 가장 주된 자비의 사역으로 삼으려면 어떻게 해야 합니까?

교회 성장
DNA

교회가 제자를 삼는 말씀 사역에 우선순위를 유지하는 동시에 모든 성도가 예수님처럼 선한 사마리아인이 되도록 격려하려면 어떻게 해야 합니까?

확신 가운데 기도하라
하나님은 하늘에 계신 우리 아버지이시다

21

"이 말을 한 후 무릎을 꿇고
그 모든 사람들과 함께 기도하니"(행 20:36).

바울과 그의 동료들이 작별인사를 하며 함께 무릎을 꿇고 기도한 것은 그들에게 매우 자연스러운 행동이었던 것이 분명하다. 기도는 하나님께 이야기하는 것이다. 하나님은 성경말씀을 통해 우리에게 말씀하시고, 우리는 기도를 통해 그분께 응답한다. 기도는 호흡과 같은 것이다. 따라서 기도가 멈춘다면 반드시 병들게 되어 있다.

서양의 교회들은 다른 기독교 문화로부터 배워야 할 것이 많다. 내가 우리 교회에서 열린 한국 성도들의 '런던 선교대회'에 강사로 참여하기 위해 교회 건물에 들어섰을 때, 400명의 한국인이 하나같이 무릎을 꿇고 하나님께 부르짖으며 기도하던 장면을 잊을 수가 없다. 참으로 많은 사람이 눈물을 흘리며 간절히 기도하고 있었다. 그것을 본 나는 한국인 동료 목사에게 물었다. "대체 무엇을 위해 이토록 열정적으로 기도하는 겁니까?" 그러자 그는 다음과 같이 대답했다. "영국을 위해서 부르짖는 중입니다!" 나를 정말 겸손하게 만드는, 부끄럽고 충격적인 순간이었다.

21 확신 가운데 기도하라

기도란 무엇인가?

『천로역정』의 저자 존 번연(John Bunyan)이 베드포드 감옥에서 쓴 얇은 명저인『성령님 안에서의 기도』(Praying in the Spirit)는 기도를 매우 놀랍게 정의했다.

(기도는) 그리스도를 통하여 성령님의 힘과 도우심 안에서 하나님께 진실하고, 감각적이며, 열정적인 마음과 영혼을 쏟는 것이다. 곧 하나님의 뜻에 대한 믿음의 순종으로 그분이 약속하신 것을 위해, 그분의 말씀대로 교회의 유익을 위하여 하는 것이다.

존 번연은 하나님께서 받지 않으시는 속이 텅 빈 기도가 아닌 참된 기도를 추구하였다.

- 참된 기도는 진실하다(정직하고 참되다). "구하여도 받지 못함은 정욕으로 쓰려고 잘못 구하기 때문이라"(약 4:3).
- 참된 기도는 감각적이다(뜨겁고 열렬하다). "너희가 온 마음으로 나를 구하면 나를 찾을 것이요 나를 만나리라"(렘 29:13).
- 참된 기도는 그리스도를 통하여 성령님의 힘과 도우심 안에서 하는 것이다(성령님께 힘을 얻어 기도할 수 있고 하나님 아버지께 드려진다). "이와 같이 성령도 우리의 연약함을 도우시나니"(롬 8:26).
- 참된 기도는 하나님의 약속을 위하여 하는 것이다(하나님이 말씀 안에서 약속하

신 것을 구하는 것이다). "그를 향하여 우리가 가진 바 담대함이 이것이니 그의 뜻대로 무엇을 구하면 들으심이라"(요일 5:14).

- 참된 기도는 교회의 유익을 위한다(이기적인 것이 아닌 하나님의 백성들을 생각한다). 우리는 반드시 "여러 성도를 위하여" 항상 기도해야 한다(엡 6:18).
- 참된 기도는 하나님의 뜻에 대한 믿음의 순종이다(우리의 뜻을 관철시키는 것이 아닌 하나님의 뜻에 순복하는 것이다). "하물며 하늘에 계신 너희 아버지께서 구하는 자에게 좋은 것으로 주시지 않겠느냐"(마 7:11).

존 번연은 하나님께서 자기 자녀들의 참된 기도에 응답하신다는 것을 잘 알고 있었다.

어떻게 기도해야 하는가?

예수님은 '주기도문'을 통해 어떻게 기도해야 할지를 가르쳐 주셨다(마 6:9-13). 이 기도는 다음의 세 가지 이유로 인해 완벽한 기도다.

1. 주기도문은 주님이 하신 기도다

예수님은 기도의 전문가이시다. 그분은 하나님께서 어떤 기도에 응답하시는지 그 누구보다 잘 알고 계신다. 즉 하나님의 아들로서 아버지께 어떻게 나아가야 하는지 알고 계신다. 또한 예수님은 한 명의 인간으로서 우리의 연약함을 그 누구보다 잘 이해하신다. 유대인들이 매일 하던 기도에 더하여, 복음은 예수님의 기도와 간구의 은밀함을 다음과 같이 강조한다. "예수는 물러가사 한적한 곳에서 기도하시니라"(눅 5:16).

우리의 중보자이자 맏형 되시는 예수님은 지금도 하나님 앞에서 우리를 위해 간구하고 계신다. 그리고 주기도문을 통해 우리는 주님께 바른 기도를 배운다.

2. 주기도문은 놀랍도록 유연한 기도다

누가복음 11장에서 예수님은 우리가 따라야 할 기도를 알려 주신다(아무 생각 없이 되풀이한다는 말이 아니다). 그리고 마태복음 6장에서는 우리의 모든 기도에서 확장되어야 할, 기도의 기본이 되고 중심이 되는 형태를 알려 주신다. 예수님이 이 말씀을 하신 것은 돌아가시고 부활하시기 전이었기 때문에 더 발전되고 응용될 수 있는 부분을 남겨 놓으신 것이다. 따라서 우리는 예수님의 나중 가르침과 개인적인 적용을 통해 기도의 각 부분을 확장시켜 나갈 수 있다. 그러므로 주기도문은 어린아이들도 쉽게 이해할 만큼 간단하면서 학자들도 감당할 수 없을 만큼 심오한 기도다.

3. 주기도문은 기도에 복음을 불어넣는다

주기도문은 신적인 능력이 담긴 작품이자 경이로운 신학적 요약이다.

주기도문은 몇 개의 평이한 단어로 우리에게 임한 복음의 영향을 드러낸다. 그리스도 안에서 하나님은 우리 '아버지'(시작하는 부분)이자 '주님'(첫 번째의 세 가지 간구)이며, '구주'(두 번째의 세 가지 간구)이시다. 이는 우리의 기도와 삶에서 그리스도의 우선성을 드러낸다. 또 이러한 기도는 예수님이 '산상수훈'에서 요구하신 성숙한 의로움, 즉 하늘에 계신 우리 아버지를 위해 사는 삶의 일부다(마 5-7장).

죄인들에게는 주기도문의 앞뒤 순서가 바뀐 것처럼 보이기도 한다. 주기도문의 첫 간구는 하나님의 '이름'과 '나라'와 '뜻'에 대한 것이다. 그 후에 '섭리'와 '용서'와 '보호하심'을 구할 수 있다. 이렇게 기도하는 이유는 진정한 그리스도인의 기도란 우리에게 충성하는 지니의 램프처럼 하나님의 순종을 받아내는 것이 아니기 때문이다. 오히려 기도는 우리 자신을 하나님의 계획과 우선순위에 순복시키는 것이다.

주기도문은 은밀한 기도의 때와 병문안의 때, 가정의 식탁, 교회 등 모두를 위한 복음적 기도다. 또한 이는 신자와 비신자 모두를 위한 기독교 교리의 훌륭한 요약이기도 하다. 우리 아버지께서는 사랑 많은 부모님이 끊임없이 단 것만 찾는 아기들을 용납해 주는 것처럼 우리의 어리석은 간구를 참아 주신다. 그러나 주기도문은 진정으로 하나님께서 응답하기를 기뻐하시는 기도임이 틀림없다.

하늘에 계신 아버지께 기도하라(마 6:9)

우리는 우리의 창조자와 통치자를 "우리 아버지"라고 부르는 것이 얼마나 놀라운 일인지 자주 잊는다. 아람어 '아바'(Abba)는 '아빠'를 뜻한다(정감 있으면서도 존경심이 느껴지는 단어다). 인간의 어떠한 종교도, 심지어 유대교의 가르침조차 살아 계신 하나님을 감히 "아빠"라고 부르지 못한다.

예수님은 우리가 기도하게 하는 첫 번째 원리이자 추진체가 기술(기도의 방식)이 아닌 '신학'(기도의 대상)임을 아셨다. 주기도문의 첫 부분은 그리스도의 복음 사역 전체, 즉 은혜의 기적과 기도의 핵심을 요약한다. 그리스도에 대한 믿음으로 인해 신자들은 그분의 일부가 되어 그분이 지닌 특권을 함께 누린다. 그래서 "하늘에 계신 우리 아버지여"라고 시작하는 것이다. 그분이 가장 높은 곳에 거하시는 전능자이심을 인식하며 "하늘에 계신"이라고 고백하고, 타인들의 필요를 인식하며 "우리"라고 말하며, 그분이 우리를 열정적으로 사랑하신다는 것을 인식하며 "아버지"라고 고백한다.

인간의 아버지들과 다르게 하나님은 언제나 찾을 수 있고, 우리에게 가장 좋은 것을 아시며, 인내와 친절로 필요한 일을 행하신다. 그분은 자비로운 동시에 지혜로우시고, 변하지 않는 동시에 용서하시며, 한결같이 신실하게 늘 우리와 함께 계신다. 하나님은 모두가 원하는 최고의 아버지이시다. 그 모든 특권이 예수님 안에서 누리는 것이기에 우리는 예수님으로 인해 하나님께 감사를 드린다. 그리고 이 간구를 통해서 우리는 우리의 주님이자 구주이신 아버지께 순복한다.

주님이신 아버지께 기도하라 (마 6:9-10)

첫 번째 문장의 세 가지 간구는 우리 자신을 그분의 영광과 나라와 뜻에 드리는 것이다.

1. 이름

"이름이 거룩히 여김을 받으시오며"(마 6:9). 이는 "하나님의 성품이 모든 사람에 의해 영광 받고 높여지기를 원합니다."라는 의미다. 하나님의 이름은 그분의 성품을 드러낸다. '엘 엘욘'(El Elyon)은 '가장 높으신 하나님'을 뜻하고, '여호와'(Yahweh)는 '신실한 구원자'를 뜻하며, '예수'(Jesus)는 '하나님이 구하신다'는 의미다. 언젠가 모든 사람, 권세자, 선지자가 그분 앞에 무릎을 꿇게 될 것이다. '거룩히 여김을 받으시는 것'은 하나님이 예수님 안에서 보이신 경이로운 말씀과 행동으로 영광을 올려 드리는 것이다. 이 부분에서 우리는 하나님에 대한 개인적인 경배를 표현한다.

2. 나라

"나라가 임하시오며"(마 6:10). 이는 "세상 모든 곳에 하나님의 통치가 임하기를 원합니다."라는 의미다. 그리스도의 나라는 말씀 선포를 통하여 그리스도께 복종하는 사람들의 마음속에 임한다. 하지만 그 나라는 이 세상을 통해 오지 않고 그리스도와 함께 도래할 것이다. 여기서 우리는 그리스도께 복종하고, 다른 사람이 그리스도께 나아오기를 요청하며, 그리스도께서 속히 다시 오셔서 이 세상의 마침표를 찍으실 날을 고대한다. 이 부분에서 우리는 친구들과 이웃이 회심하기를 간구한다.

3. 뜻

"뜻이 … 이루어지이다"(마 6:10). 이는 "하나님의 계획이 모든 것 안에서 성취되기를 원합니다."라는 의미다. 하나님의 뜻이란 '하나님께서 명하시는 것들이 우리 주위에서 일어나야 한다는 것'과 '그분이 성경 안에서 명령하신 것들이 우리 안에서 일어나야 한다는 것' 두 가지 모두를 가리킨다. 이 요청은 하나님의 계획에 대한 우리의 순종을 포함한다. 이는 우리 자신과 우리의 세계를 위한 것이다. 이 부분에서 우리는 일상의 특별한 행사나 사건 속에서 하나님의 뜻이 이루어지기를 구할 수 있다.

구주이신 아버지께 기도하라(마 6:11-13)

두 번째 문장에 나오는 세 가지 간구는 아버지를 의지하며 우리에게 진정으로 필요한 것들을 구한다.

1. 섭리

"오늘 우리에게 일용할 양식을 주시옵고"(마 6:11).

사실 우리를 포함한 모든 사람이 날마다 하나님께 의존한다. 하늘로부터 이스라엘 백성들에게 주어진 '만나'(manna)는 음식, 옷, 직업, 집과 같은 육체적 필요를 포함하며, 우리의 영적인 필요되시는, '살아 있는 떡'이신 그리스도를 암시한다.

그분은 우리가 그분의 나라에서 누릴 온전한 안식 자체이며 우리의 영원한 필요를 공급하시는 분이다. 그래서 우리는 하나님께 그분이 주시는 '떡'(예수님)으로 우리의 모든 것을 붙들어 주시기를 구하고 있는 것이다. 이 부분에서 우리는 아버지께 온갖 개인적으로 필요한 것들과 교회적으로 필요한 것들을 구체적으로 구한다.

2. 용서

"우리 죄를 사하여 주시옵고"(마 6:12).

우리는 죄를 고백하고, 용서를 구하며, 다시금 진정한 회개의 자리로 나아간다. 죄를 용서받은 것이 맞는지 아닌지 확신이 서지 않아서 그러는 것이 아니다. 무엇보다 우리는 아버지와의 관계 회복을 위하여 회개한다. 또한 다른 사람들을 용서해 줄 것을 다짐하고 원수들을 위해서 기도한다(주님이 베푸신 큰 용서를 누려 본 사람만이 타인을 충분히 용서할 수 있고, 그렇게 할 때 자신이 주님께 또다시 용서받았노라고 인정할 수 있다). 이 부분에서 우리는 구체적인 죄들을 고백한다. 그리고 예수님이 우리를 위해 죽으시고 다시 사셔서 우리 안에 거하심을 인하여 용서받은 것에 대해 감사한다.

3. 보호

"다만 악에서 구하시옵소서"(마 6:13).

우리는 고통의 시험과 사탄의 유혹으로부터 보호해 주시기를 간구한다. 사탄은 십자가에서 이미 패했지만, 이 땅에서 완전히 파괴되지는 않았다. 따라서 사탄을 이기신 그리스도를 통하여 하나님이 우리를 천국가는 그날까지 지속적으로 보호해 주시기를 간구한다. 이 부분에서 우리는 우리의 가족, 혹은 교회를 괴롭히는 특정한 거짓들로부터 건져 주시기를 구한다.

이와 같이 예수님은 기도의 첫 번째 원리가 '우리가 기도하는 대상이 누구인지 아는 것'이라고 가르쳐 주셨다. 그분은 우리를 사랑하시는 아버지이시고, 우리를 다스리시는 주님이시며, 우리를 돌보시는 구주시다!

왜 기도해야 하는가?

기도가 우리를 그분의 뜻에 굴복시키는 것이라면, 반드시 물어야 할 질문은 "왜 꼭 기도해야 하는가?"이다. 하나님께서 거짓말을 하시거나 마음 변하는 일이 없으시고(삼상 15:29), 구하기 전에 우리에게 필요한 것(마 6:8)이 무엇인지 다 알고 계시다면 우리의 기도가 대체 무슨 소용이란 말인가? 위대한 종교개혁가 존 칼빈(John Calvin)은 우리가 기도해야 하는 여섯 가지 성경적인 이유를 다음과 같이 밝히고 있다.

- 하나님을 의지하기 위해
- 마음의 욕망을 깨끗하게 하기 위해
- 아버지께서 주시는 모든 것에 만족하기 위해
- 우리를 향한 하나님의 선하심과 신실하심을 더 깊이 감사하기 위해
- 하나님이 주시는 수많은 선물을 죄책감 없이 누리기 위해
- 매일의 필요를 공급하시고 우리를 실망시키지 않으시는 하나님을 신뢰하기 위해

칼빈은 이러한 기도를 '성경에 약속된 보화를 발굴하는 것'이라고 요약했다. 우리가 구하기 전까지 하나님은 우리에게 주기로 계획하신 것들을 미루신다. 우리에게 주시고자 하는 모든 것을 우리가 구하기 전까지 붙들고 계심으로써 우리가 기도하게 하시는 것이다. 그러므로 우리가 기도한다면 역사가 일어날 것이다!

질문과 적용

1. 사람들이 기도를 어려워하는 이유는 무엇입니까? 이 장에서 살펴본 진리들이 어떻게 도움이 됩니까?

2. 주기도문이 특별한 이유는 무엇입니까? 어떻게 하면 주기도문을 더 잘 활용할 수 있습니까? 기도 생활을 잘하고 있는 주위 사람들에게 기도의 동기와 방법을 물어보십시오.

3. 마태복음 6장 9-13절을 읽고 잠시 기도하는 시간을 가지십시오. 사도행전 20장에 나오는 바울의 우선순위를 살펴보면서 당신과 당신의 가족과 교회가 그 우선순위를 따라가고, 그를 닮아 갈 수 있도록 기도하십시오.

당신은 교회를 위해 올바른 방법으로 기도하고 있습니까?

열방을 향해 나아가라

모든 민족을 예수님의 제자로 삼아야 한다

22

"다시 그 얼굴을 보지 못하리라 한 말로 말미암아 더욱 근심하고 배에까지 그를 전송하니라"(행 20:38).

바울은 왜 에베소교회에 머물지 않았을까? 그리스교회로부터 받은 재정적인 선물을 예루살렘에 전달한 후 에베소교회로 다시 돌아갈 수도 있었을 텐데 말이다. 하지만 바울은 그렇게 하지 않았다. 에베소는 국제적인 로마 제국의 아시아 지방 도시로서 핵심적 요충지였다. 따라서 에베소교회에 머물면서 개척한 교회들을 돕고 네트워크를 주도하며, 이를 확장시키는 사역을 할 수도 있었을 것이다. 바울이 개척한 일곱 교회는 요한계시록 2-3장에 언급되어 있다. 그 교회들은 거짓 가르침과 핍박의 위험에 놓여 있었다. 오늘날 견고히 세워진 교회들과는 거리가 멀었다. 모든 교회가 신실하고 귀한 사역자들이 오래 머물기 원한다. 그로 인해 여러 풍성한 유익을 누리며 사역자와 깊은 관계를 맺기 원한다. 에베소교회는 잠재적으로 큰 성장이 기대되는 곳이었고, 바울을 따르고 그의 가르침을 잘 수용하는 장로들이 있었다. 그럼에도 아직은 미숙한 장로들과 영적으로 어린 교회를 떠나는 것은 다소 무책임한 일 아니었을까?

바울 개인을 위해서도 잠시 동안은 그곳에 머무는 것이 좋았을 것이다. 끊임없는 구타와 투옥으로 그의 건강이 심각할 만큼 좋지 않았기 때문이다(고후 11:23). 더욱이 자신을 아껴 주던 에베소 지도자들을 다시는 볼 수 없음에도 한사코 떠나겠다고 말하는 대목에서는 광기까지 엿보인다. 로마서 15장 23-25절을 통해 우리는 그가 예루살렘으로, 로마로, 그다음에는 스페인으로 가서 새로운 사역을 펼칠 계획이었음을 안다. 그렇다면 바울을 사로잡은 것은 무엇이었을까? 자신의 영광을 위한 야망이었을까? 아니면 죽음까지 불사하는 복음 전파에 대한 열망이었을까?

왜 바울은 끊임없이 전도와 교회 개척, 그리고 다문화 선교를 추구했을까? 그 대답은 삶의 전 과정을 복음으로 채워야 하는 우리 모두에게 중요하다. 더불어 복음 사역에 전적으로 헌신하기 원하는 경건한 젊은이나 그들을 권고해야 하는 부모와 교회에도 중요할 것이다.

바울의 끊임없는 선교 여행에 대한 가장 좋은 설명은 아마도 부활하신 예수님께서 그를 구원하신 사건일 것이다. 바울로 변화되기 전 그는 다메섹으로 가는 길에 예수님을 만났고, 구원 사역을 위한 사명을 받았다. "이 사람은 내 이름을 이방인과 임금들과 이스라엘 자손들에게 (혹은 '열방에') 전하기 위하여 택한 나의 그릇이라"(행 9:15). 부활하신 예수님께서 모든 성도에게 주신 '지상대명령'을 바울이 먼저 감당하게 하신 것이다.

예수께서 나아와 말씀하여 이르시되 하늘과 땅의 '모든'(all) 권세를 내게 주셨으니 그러므로 너희는 가서 '모든'(all) 민족을 제자로 삼아 아버지와 아들과 성령의 이름으로 세례를 베풀고 내가 너희에게 분부한 '모든'(everything) 것을 가르쳐 지키게 하라. 볼지어다. 내가 세상 끝날까지 너희와 '항상'(always) 함께 있으리라 하시니라(마 28:18-20).

예수님의 위대한 말씀 가운데 네 번 등장하는 '모든'이라는 의미의 단어 안에는 오늘날의 전도, 교회 개척 및 다문화 선교를 통해 모든 민족을 제자로 삼는 비전이 함축적으로 담겨 있다.

- 모든 권세 : 모든 곳(everywhere)에 나아가려고 힘써야 한다.
- 모든 민족 : 모두에게(everyone) 전하려고 힘써야 한다.
- 내가 너희에게 분부한 모든 것 : 모든 것(everything)을 가르치려고 힘써야 한다.
- 항상 : 주어진 모든 기회(every opportunity)를 잡으려고 힘써야 한다.

모든 곳에 나아가려고 힘써야 한다

우리가 모든 민족을 제자 삼아야 하는 이유는 무엇일까? 그것은 바로 부활하신 그리스도께서 천상과 지상에 대해 절대적이고 영원한 권위를 가지시며, 모든 나라와 민족을 다스리시기 때문이다. 마치 영국 여왕이 정부의 정책을 발표하기 위해 영국 의회에서 연설하는 것처럼, 예수님은 모든 세대에 미치는 하나님 나라의 계획을 설명하신다. 그 연설은 "이번 전쟁에서 우리는 그들과 해변가에서 싸울 것입니다!" "나에게는 꿈이 있습니다!" "우리는 할 수 있습니다!"와 같이 도전적이고 감동적인 이 세상의 그 어떤 연설보다 더 큰 영향을 미쳤다. 즉 지상대명령은 복음 운동의 시발점이며, 오늘날에도 여전히 전 세계를 변화시키고 있다.

예수님께서 말씀하시는 "모든 권세"에는 다음의 세 가지 의미가 있다.

1. 모든 곳이 예수님께 속하였다

지구상에 예수님의 소유가 아닌 나라나 도시는 없다. 아프리카는 무슬림의 나라라고 주장할 수 있고, 중국은 공산주의 나라이며, 영국은 세속주의 나라라고 주장할 수 있을 것이다. 그러나 이 모든 곳은 예수님의 것이다. 도시의 모든 구역과 그 안에 속한 모든 거리가 예수님의 것이고, 모든 곳이 그분의 통치 아래 있다.

2. 모든 곳에서 예수님을 위해 복음을 전해야 한다

이 사명은 제안이나 초청이 아닌 부활하신 예수님의 명령이다. 물론 우리가 불순종한 대가로 예수님이 우리 대신 고통을 당하셨지만, 우리는 여전히 이 명령을 순종하거나 거역한 것에 대해 마지막 심판 때 영원한 상급과 함께 칭찬을 듣거나 책망을 듣게 될 것이다.

3. 모든 곳에서 예수님을 위해 복음을 전할 수 있다

예수님이 모든 곳을 통치하시기 때문이다. 설령 예수님이 우리에게 핍박이나 더 극심한 박해를 허락하신다 할지라도 여전히 그분이 모든 곳을 통치하신다. 그분의 다스리심과 보호하심은 어떠한 금전적 도움이나 정부보다 강력하다. 우리는 우리를 환대하지 않는 아마존 정글의 부족에게 다가갈 수 있고, 악랄한 깡패들이 우글거리는 열악한 조건에서도 복음을 전할 수 있다. 예수님의 통치가 그곳에서도 유효하기 때문이다.

그러므로 우리는 전 세계의 모든 교구, 마을, 도시에서 복음을 전하도록 노력해야 한다. 어린이와 젊은이들이 있는 변두리와 타락한 뒷골목, 대학생들이 모이는 장소와 젊은 노동자들이 일하는 사무실, 소수 인종이 모인 공동체 및 요양원 등 모든 곳에 복음을 전할 수 있다. "모든 권세"의 의미는 우리가 모든 곳에 나아가려고 노력해야 함을 말하는 것이다!

모두에게 전하려고 힘써야 한다

모든 민족을 제자로 삼는 것이 소수만을 위한 명령이 아님을 깨달았을 때 나는 큰 충격에 휩싸였다. 하나님은 예수님의 십자가 죽음으로 모든 민족과 열방을 아들에게 아름다운 영적 신부로 주실 계획이었다. 하나님께서 창세 때 인간에게 내리신 "생육하고 번성하여 땅에 충만하라. 땅을 정복하라. … 땅에 움직이는 모든 생물을 다스리라"(창 1:28)는 명령은 전 세계 복음화를 통해 완성된다고 말할 수 있다. 그리고 아브라함에게 하신 "땅의 모든 족속이 너로 말미암아 복을 얻을 것이라"(창 12:3)는 언약은 해외 선교를 통하여 완성되는 것이라 말할 수 있다. 자신의 종을 향한 "나 여호와가 의로 너를 불렀은즉 내가 네 손을 잡아 너를 보호하며 너를 세워 백성의 언약과 이방의 빛이 되게 하리니"(사 42:6), "내가 또 너를 이방의 빛으로 삼아 나의 구원을 베풀어서 땅끝까지 이르게 하리라"

(사 49:6)는 부르심 역시 이방 민족을 위한 다문화 교회 개척을 통해 완성된다고 말할 수 있다. 예수님은 이미 이것을 명하시고 친히 시작하셨으며 완성하실 것이다. 따라서 우리 모두 이 명령에 적극 순응해야 한다.

"가라"는 말은 우리 모두가 해외로 나가야 한다는 뜻이 아니라 매일의 삶 속에 '우리가 나아간다'는 의미를 지닌다. 그러나 이 단어에는 실제적인 움직임이 내포되어 있다. 우리는 다문화 선교사 및 복음 전도자와 교회 개척자들의 발자취를 따라 지금의 안정적인 삶을 떠나야 한다. 그리고 비지니스, 교육 및 관광을 위해 우리 지역을 방문하는 외국인들을 어떻게 환영해야 하는지 배워야 한다. 또한 모든 소수 민족과 사회 공동체에 어떻게 교회를 개척할지도 배워야 한다. 뿐만 아니라 선교 지원자를 모집하고, 돕고, 보내는 방법을 배워야 하고, 국제 선교 단체에 대한 지원과 그들을 위해 기도하는 법을 배워야 한다. 도시로 오는 외국 선교사들과 협력하여 복음 전파의 선한 기회로 삼는 방법도 배워야 할 것이다.

모든 것을 가르치려고 힘써야 한다

우리는 새롭게 주를 영접하는 자에게 삼위일체 하나님의 이름으로 세례를 주어야 한다. 또한 그들에게 성경에 나오는 예수님의 모든 가르침을 가르쳐야 한다. 이는 세 가지 의미를 갖는다.

- 우리는 재능 있고 제대로 훈련받은 성경 교사들이 복음 전도 및 교회 개척

과 다문화 사역을 이끌게 해야 한다. 적합하지 않은 사람이나 재능이 부족한 사람들이 사역을 주도하게 해서는 안 된다.

- 우리는 수적 성장에 대한 비현실적인 기대로 전도팀, 교회 개척팀, 선교팀에게 부담을 주면 안 된다. 말씀을 통한 성령의 깊은 역사에는 시간이 필요하다. 강퍅한 세속 문화에 젖어 있는 곳에서는 더욱 그렇다.
- 우리는 토대가 얕거나, 병들거나, 얽혀 있는 상태에서 복음 전도자를 세우거나, 교회를 개척하지 말아야 한다. 만약 얕은 토대(성숙하지 못한 복음 전도자) 위에 복음을 세운다면 값비싼 대가를 치러야 할 때 그들이 사역을 포기할 것이다. 병든 상태(말씀에 약한 개척팀)에 세운다면 분열하고 갈등하게 될 것이다. 얽혀 있는(세속적인 우선순위 때문에 선교가 방해되는) 상태 위에 세운다면 그 안에 영적인 열매가 없어 곧 소진되고 낙심하게 될 것이다.

예수님은 우리에게 말씀을 가르침으로 제자를 삼으라고 명령하셨다. 그러므로 우리는 하나님의 말씀으로 잘 훈련되고, 적절하게 재능 있는 일꾼들과 함께 전도, 교회 개척, 다문화 선교를 시작해야 한다. 본문에 나오는 에베소 장로들이 바울에게 말씀으로 잘 배운 것처럼 말이다.

주어진 모든 기회를 잡으려고 힘써야 한다

"내가 세상 끝날까지 너희와 항상 함께 있으리라"(마 28:20)는 말씀은 우리가 모든 민족을 그분을 위해 제자로 삼을 때마다 예수님께서 우리와 늘 동행하시겠다는 확신이다. 그러므로 우리는 혼자가 아니다. 결코 버

림받지도 않는다. 보다 정확히 말하면 그분이 우리 사명에 동참하시는 것이 아니라 우리가 그분의 일하심에 동참하고 있는 것이다. 우리는 교회 개척과 다문화 선교로 그분의 일하심에 동참하며 전도의 가장 큰 기쁨을 목도하고 있는 것이다. 따라서 예수님을 더 자세히 알기 원한다면, 그분을 위해 당신 자신을 모든 민족으로 제자 삼는 데 바치기 바란다.

1. 애통함이 우리를 막을 수 없다

하나님의 능력은 약할 때 완벽해지므로 우리는 반드시 계속 전진해 나가야 한다. 연구에 따르면 지속적인 추진력은 번창하는 선교와 교회 개척 운동을 확립하는 데 중대한 역할을 한다고 한다. 그러므로 계속 버티기 바란다! 결국에는 주님께 승리의 기쁨을 올려 드리게 될 것이다.

2. 위험이 우리를 막을 수 없다

우리에게는 성공이 보장되어 있지 않다. 항상 위험이 도사리고 있어 실패할 수도 있다(코미션에서도 보통은 하나님께서 교회를 성장시키시는 이야기가 대부분이지만, 가장 건강했던 두 교회가 문을 닫아야 하는 뼈아픈 일이 있었다). 그러나 어떠한 상황이든 우리는 주님의 명령에 순종할 수 있다! 우리가 순종할 때 어떠한 일이든 가능해진다. 하나님께서 그 일에 관여하시기 때문이다.

이와 같은 이유로 비범한 대한민국의 기독교가 괄목할 만하게 성장하였다. 그 서막은 영국 웨일즈의 로버트 토마스(Robert Thomas) 선교사가 1865년에 참수당하는 순교였다. 토마스 선교사가 순교당하면서 전해 준 성경책이 훗날 그를 죽인 병사를 회심시켰다. 또 다른 한 남자는 성경을 찢어 벽지로 사용했는데 그것을 읽다 회심하여 그곳에 교회가 세워졌다고 한다. 분명한 사실은 첫 순교의 피를 흘렸던 평양 대동강변에 수많은 교회가 세워졌다는 것이다. 오늘날 한국에서 예수님을 믿는다고 말하는 기독교인의 수는 전체 인구의 약 20퍼센트에 다다른다고 한다.

3. 어떤 대가도 우리를 막을 수 없다

복음 전도자들은 보통 선교를 위해 안락하고 행복한 삶을 포기하는 대가를 치른다. 그래서 가족이나 친구들이 크게 낙심하여 복음 전파와 교회 개척, 다문화 선교를 지원하는 복음 전도자들의 마음이 위축된다. 하지만 그러한 대가를 특권으로 받아들이고, 전능의 하나님이 그들을 위해 역사하시며 공급하시는 선하신 주님임을 믿어야 한다. 허드슨 테일러(Hudson Taylor)가 영국의 브라이튼 해변에서 중국 선교사가 되기로 결정한 순간을 인용하는 사람들이 종종 깨닫지 못하는 것이 있다. 그것은 복음 전도자인 허드슨 테일러의 마지막 장애물은 자신의 두려워하는 마음이 아니라 중국에 함께 갈 사람들의 두려워하는 마음이었다는 사실이다.

나는 위험, 어려움, 그리고 시험들이 두려웠습니다. 그것은 비교적 경험이 없는 기독교인들과 함께 일하는 것이었습니다. 그들은 내가 고난(특권)에 대해 그들을 위로하려 할 때 불평등하다는 이유로 나를 끔찍하게 비난했습니다. … 1865년 6월 25일 주일, 수천 명의 회중, 아니 더 많은 기독교인이 자신의 안전을 기뻐하는 사이에 수백만 명의 영혼이 말씀의 지식이 없어서 죽어 나가는 상황을 더 이상 관망할 수가 없었습니다. 혼자서 모래 위에 앉아 큰 영적 고뇌에 빠져 있을 때 주님은 나의 불신앙을 정복하셨고, 나는 이 사역에 부르신 하나님께 나 자신을 온전히 내려놓았습니다. 그분께 모든 책임, 곧 문제와 결과가 주님께 달려 있음을, 나에게는 그저 그분을 순종하고 따를 것만 남아 있음을 고백했습니다. 주님, 나와 그리고 함께 수고하는 그들을 친히 돌보시고 보호하시며 인도하소서.
_마셜 브룸홀, 『허드슨 테일러: 하나님을 믿는 사람』 (Hudson Taylor: The Man Who Believed God), p. 117.

바울은 모든 사람이 자신처럼 해외 선교를 해야 한다고 가르치지 않았다. 장로들을 모집한 이유가 그와 함께 선교 여행을 떠나기 위함도 아니었다. 바울은 우리가 예수님을 위하여 모든 민족을 제자 삼기 위해서, 하나님이 우리에게 허락하신 환경 안에서 무엇이든 할 수 있는 것을 하라고 자주, 개인적으로, 그리고 공개적으로 편지를 써서 촉구하였다.

다음은 드영(Kevin DeYoung)과 길버트(Greg Gilbert)가 쓴 책의 결론이다.

교회의 사명은 예수님의 지상대명령, 사도행전의 초대교회, 그리고 사도 바울의 삶에서 보여지는 바와 같이 여러 영혼에 대해 승리함으로써 예수님께 데리고 나오는 것입니다. 예수님 안에서 그들을 세우는 것이 바로 우리가 해야 할 일입니다.
_케빈 드영, 그렉 길버트, 『교회의 사명은 무엇인가?』 (What is the Mission of the Church?)

전 세계 수많은 나라의 마을과 도시에서 죄의 바다에 빠져 익사하는 참사가 벌어지고 있다. 이는 마치 거대한 호화 여객선 타이타닉호가 1912년 뉴펀들랜드 해역에서 빙산에 부딪혀 2,200명의 승객과 선원 1,500명 이상이 익사한 장면과 흡사하다. 많은 사람이 이 사고로 목숨을 잃었던 네 가지 이유가 있다.

- 구명보트의 부족: 이는 우리의 마을과 도시 안에 성경을 가르치는 교회, 곧 성경을 설명해 주는 교회들이 부족한 것과 일맥상통한다. 우리는 더 많은 성경 중심의 교회를 개척해야 한다.
- 소외된 승객들: 부자 승객들이 구명보트로 탈출할 때, 뱃삯을 적게 지불한 승객들은 아래층에 갇혀 있었다. 즉 가난한 승객들이 소외된 것이다. 이와 같이 우리의 마을과 도시의 가난한 공동체에서는 복음 중심의 교회들을 찾아보기가 힘들다. 우리는 이러한 소외 지역에도 복음 중심의 교회를 개척해야 한다.
- 훈련받지 못한 승무원들: 승무원들은 구명보트를 어떻게 다루는지 몰랐다. 이는 교회가 복음을 전파하는 일에 제대로 훈련받지 못함과 같다. 우리는 단지 사람들을 교회 행사에 초청하는 것으로 만족하면 안 된다. 개인적인 복음 전도를 제대로 감당하도록 훈련시켜야 한다.
- 동정심의 부재: 모든 비극 가운데 가장 충격적인 부분이 있다. 승객의 반만 채운 구명보트가 물에 빠져 죽어 가는 사람들을 건져 내기 위해 위험을 무릅쓰고 다시 돌아가지 않았다는 것이다. 구조된 사람들은 자신의 생명과 안전만 생각하느라 급급했다. 이는 너무도 많은 구원의 방주(교회)들이 반

만 채워져 있음에도 불구하고 죄의 바다에 빠져 죽어 가는 사람들을 구하지 않는 것과 같다. 우리는 영혼을 불쌍히 여기시는 예수님의 동정심을 배워야 한다.

하나님과 동등하신 예수님이 육신으로 이 땅에 오셨을 때, 그분은 복음 전도자로, 교회 개척자로, 그리고 다문화 선교사로 오셨다. 공생애 사역을 시작하실 땐 제자들에게 "나를 따라오라. 내가 너희를 사람을 낚는 어부가 되게 하리라"(마 4:19)고 말씀하셨다. 제자들을 떠날 땐 "너희는 가서 모든 민족을 제자로 삼아"(마 28:19)라고 말씀하셨다. 그리고 예수님의 영을 부으시어 그들이 땅끝까지 복음을 전하게 하셨다. 예수님은 우리가 세계 선교를 감당할 수 있도록 모진 박해에도 불구하고 우리를 격려하셨다. 그리고 요한에게 천국의 영광스러운 잔치를 보여 주셨다. "각 나라와 족속과 백성과 방언에서 아무도 능히 셀 수 없는 큰 무리가 나와 흰 옷을 입고 손에 종려 가지를 들고 보좌 앞과 어린양 앞에 서서"(계 7:9).

부활하신 예수님은 세계 선교를 성취하실 것이다. 그분은 우리를 자신의 귀한 사역에 동참하도록 초청하신다. 교회가 자신의 안락함만 추구하는 승객들로 차 있는 유람선처럼 되지 않게 하자. 예수님이 없어서 익사하는 모든 사람에게 다가가 그들을 건져 내는 구명보트가 되게 하자.

바울과 예수님으로부터 우리는 무엇을 배울 수 있을까?

어디든 가려고 끊임없이 노력하고, 모든 사람에게 전하고, 모든 것을 가르치며, 모든 기회를 이용하여 예수님을 위해 모든 족속을 제자 삼기 바란다. 오직 하나님의 영광을 위하여!

질문과 적용

1. 지상대명령이 우리 삶의 우선순위를 어느 정도까지 바꿀 수 있습니까?

2. 모든 열방을 복음화하기 위한 다문화 선교, 교회 개척, 혹은 해외 선교를 개인적으로나 재정적으로나 기도 등을 통해 어떤 식으로 동참할 수 있습니까?

3. 요즘 당신이 제자 삼기 위해 살피고 있는 형제자매가 있습니까? 있다면 어떻게 제자 삼을지 이야기해 봅시다.

교회 성장 DNA

> 어떻게 하면 당신이 예수님을 위해 모든 열방을 제자로 삼는 일, 즉 선교 사역이 교회의 핵심 사역이 되게 할 수 있습니까?

■ 역자의 글

저자와 코미션에 대하여

　코미션(Co-Mission)에서 수년간 스태프로 섬기며 저자와 코미션을 가까이에서 지켜본 사람으로서 그들을 소개하려 한다.
　이 책의 저자인 리처드 코킨 목사는 영국에서 가장 큰 영향을 끼치는 복음주의 목회자 중 한 분으로 런던의 던도날드교회 담임과 코미션의 총재로 사역하고 있다. 그리고 코미션은 2005년에 세워진 교회 개척 운동 단체로 "개척을 위하고, 런던을 위하고, 예수를 위하자!"라는 슬로건 아래 교회 개척, 네트워킹, 콘퍼런스, 문화 사역 등을 펼친다. 존 파이퍼 목사가 요약한 코미션의 철학은 다음과 같다. ①성경을 가르치는 데 헌신한다. ②개혁주의 신학을 바탕으로 하나님께 헌신한다. ③성경에 기록된 경건과 남성의 지도력을 인정한다. ④교회 개척에 헌신한다. ⑤가난한 자들에게 마음을 둔다. ⑥글로벌 비전으로 소외된 자들에게 나아간다. ⑦다른 문화에 유연성을 둔다. ⑧친밀함과 진심으로 교제한다. ⑨용감히

행한다. ⑩기도한다. 코미션은 또한 다음의 3가지 이유로 한국의 성도들과 복음의 동반 관계를 맺기 원하고 있다. ①예수님은 우리 한민족만이 아닌 모든 민족으로 제자를 삼으라고 명하셨다. ②런던은 주민의 90%가 예수를 믿음으로써 구원을 얻을 수 있다는 사실을 부인하는 사실상 복음의 불모지요 복음이 절대적으로 필요한 선교지이므로 한국 성도들의 도움이 필요하다. ③런던은 금융, 문화, 교육, 산업의 중심지이자 다양한 민족이 모여 사는 곳이므로, 런던 선교는 곧 세계 선교이며 예수님의 지상대명령에 순응하는 것이다. 감사하게도 런던과 유럽의 중요성과 심각성을 인식하여 복음으로 연합할 것을 헌신한 한국 교회 성도님들이 있다. 이에 코미션은 한국 교회와 성도들이 성경과 예수를 중심으로 하는 영국 복음 개혁 교회들과 더욱 연합하기를 소망한다.

이 책이 발간되기까지 초벌번역부터 여러 면에서 도움을 주신 코리아 시티 미션(김재완, 김동빈, 서동준, 우정화)에 감사를 전한다. 앞으로도 코미션의 여러 사역을 한국을 비롯한 아시아 여러 나라에 잘 소개할 수 있도록 이 책 『교회 성장 DNA』와 함께 성경적인 교회 개척 운동과 교회 성장 운동이 모든 교회에 힘차게 일어나기를 소망한다. 사도행전 20장(이 책에 나오는 성경적인 원칙들)이 교회와 성도의 주요한 지침서로 자리잡기를 우리 주 예수 그리스도와 그분의 복음과 영광을 위하여 기도하며…

_김성태 목사

코미션 아시안 엠배서더, 런던 시티 미션 아시안 사역 및 코리아 시티 미션 디렉터

코미션(코리아 시티 미션) 사역 관련 문의
010-5414-8501 | onlyknees@gmail.com | www.koreacitymission.org

사명선언문

너희가 흠이 없고 순전하여……세상에서 그들 가운데 빛들로
나타내며 생명의 말씀을 밝혀 _ 빌 2:15-16

1. 생명을 담겠습니다
만드는 책에 주님 주신 생명을 담겠습니다.
그 책으로 복음을 선포하겠습니다.

2. 말씀을 밝히겠습니다
생명의 근본은 말씀입니다.
말씀을 밝혀 성도와 교회의 성장을 돕겠습니다.

3. 빛이 되겠습니다
시대와 영혼의 어두움을 밝혀 주님 앞으로 이끄는
빛이 되는 책을 만들겠습니다.

4. 순전히 행하겠습니다
책을 만들고 전하는 일과 경영하는 일에 부끄러움이 없는
정직함으로 행하겠습니다.

5. 끝까지 전파하겠습니다
모든 사람에게, 땅 끝까지, 주님 오시는 그날까지
복음을 전하는 사명을 다하겠습니다.

서점 안내

광화문점 서울시 종로구 새문안로 69 구세군회관 1층
02)737-2288 / 02)737-4623(F)

강남점 서울시 서초구 신반포로 177 반포쇼핑타운 3동 2층
02)595-1211 / 02)595-3549(F)

구로점 서울시 동작구 시흥대로 602, 3층 302호
02)858-8744 / 02)838-0653(F)

노원점 서울시 노원구 동일로 1366 삼봉빌딩 지하 1층
02)938-7979 / 02)3391-6169(F)

분당점 경기도 성남시 분당구 황새울로 315 대현빌딩 3층
031)707-5566 / 031)707-4999(F)

일산점 경기도 고양시 일산서구 중앙로 1391 레이크타운 지하 1층
031)916-8787 / 031)916-8788(F)

의정부점 경기도 의정부시 청사로47번길 12 성산타워 3층
031)845-0600 / 031) 852-6930(F)

인터넷서점 www.lifebook.co.kr

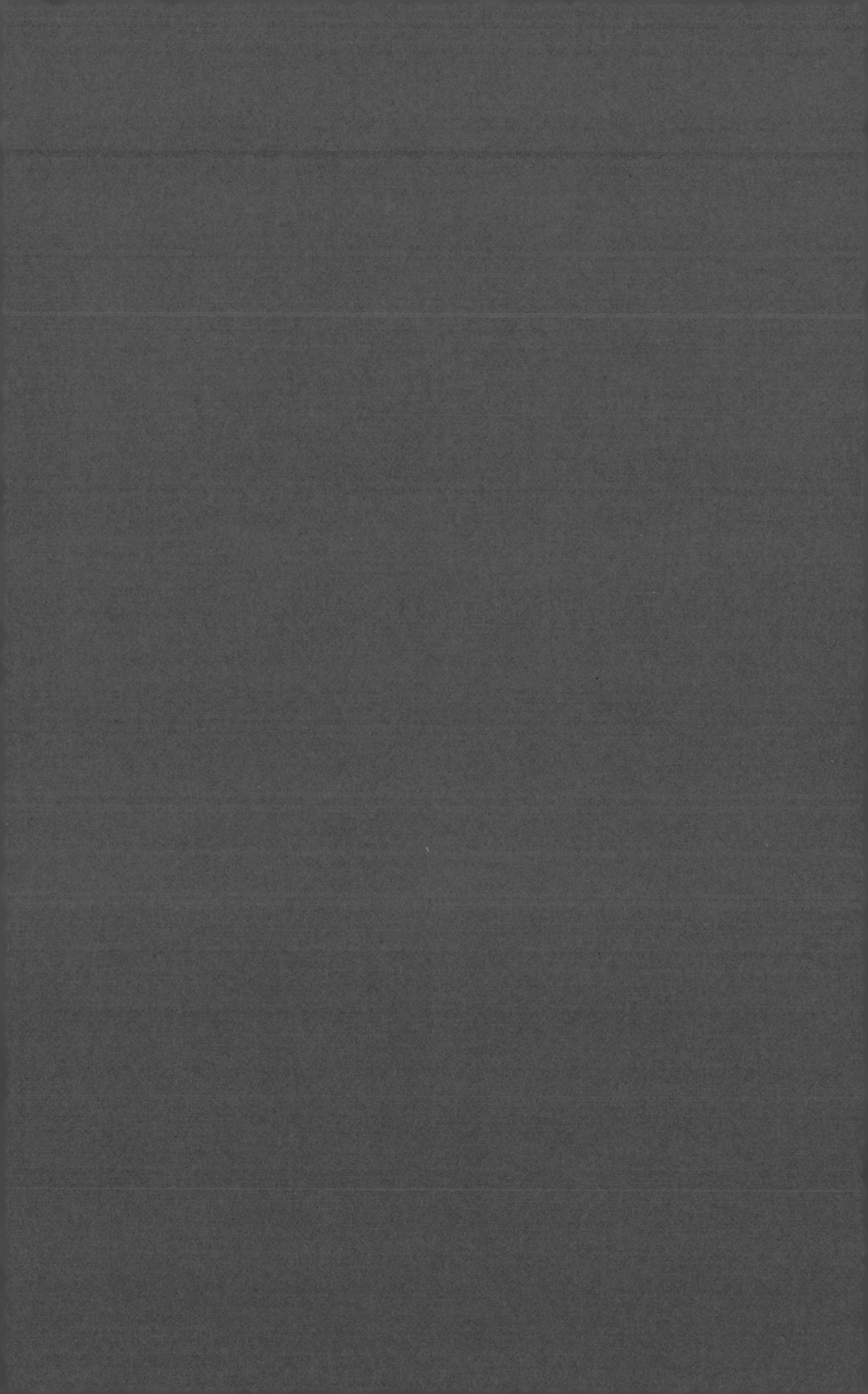